Stöppel Freizeitführer 257

Rosmarie Pichler (Hrsg.)
Simone Becker/Verena Böning

Nordic Walking

Die 25 schönsten Strecken rund um Köln/Bonn und Umgebung

D1695876

Tourenübersicht

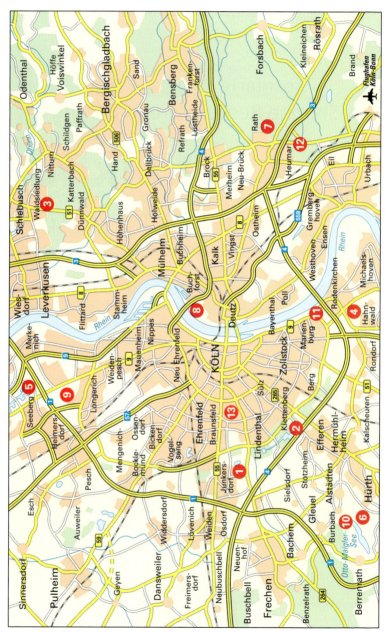

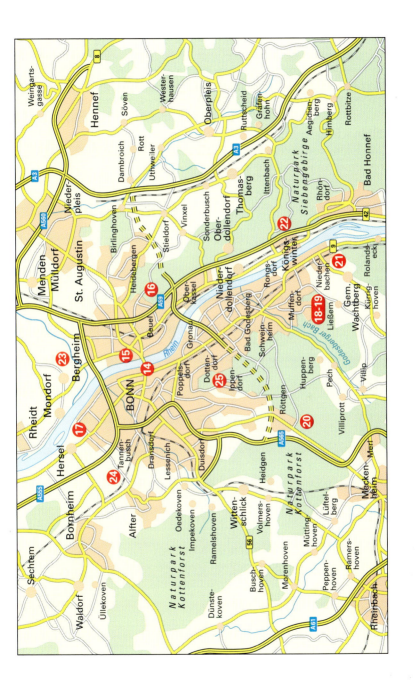

3

Trotz größter Sorgfalt bei Recherche und Zusammenstellung der Touren in diesem Buch können Autor und Verlag für die Angaben keine Gewähr übernehmen.
Auf jeden Fall freuen wir uns über Korrekturen, Anregungen und Verbesserungen zu diesem Freizeitführer. Bitte senden Sie diese an: STÖPPEL FreizeitMedien GmbH, Mandichostr. 18, 86504 Merching.

Bildnachweis:
Alle Bilder von den Autorinnen außer Umschlagbild oben © f1-online, Umschlagbild unten © project-photos.de

---

Bibliografische Information der Deutschen Bibliothek
Die Deutsche Bibliothek verzeichnet diese Publikation in der Deutschen Nationalbibliografie, detaillierte bibliografische Daten sind im Internet unter http://ddb.de abrufbar.

© 2004 STÖPPEL FreizeitMedien GmbH, 86504 Merching
www.stoeppel.de

Redaktion, Layout und Herstellung:
Der Buchmacher, Arthur Lenner, München
Karten: Computerkartographie Carrle, München
Umschlaggestaltung: Uhlig/www.coverdesign.net
Druck: EOS, St. Ottilien
Printed in Germany

ISBN 3-89987-257-6

Inhaltsverzeichnis

Einführung

Die Touren   33

In Köln

In Bonn

Vorwort

Nachdem erst die Walker belächelt wurden, durften wir Nordic Walker uns Sprüche wie „Na, Skier vergessen…?" oder „Der nächste Lift ist dort drüben…!" anhören. Mittlerweile ist der Nordic Walker nicht mehr aus den Parkanlagen oder von den Waldwegen wegzudenken! Und das aus gutem Grunde: Die umfangreichen positiven Effekte auf das Herz-Kreislauf-System und den Bewegungsapparat sowie die immense Verbesserung der Lebensqualität sind nur einige der „guten Argumente", die für diese Sportart sprechen!

Obwohl die meisten von Ihnen Ihre Lieblingsroute vor der Haustür sicherlich schon gefunden haben, möchten wir Ihnen mit diesem Buch Anregungen geben, sich aus alten Gewohnheitsmustern zu lösen und auch mal Neuland in der Umgebung zu entdecken.

Ob gut trainiert oder Neueinsteiger, ob für den Feierabend-Walk oder die ausgedehnte Tour am Wochenende, ob in Stadtnähe oder in eher ruhigen Lagen – es sollte für jeden etwas dabei sein!

Hören Sie – was das Tempo angeht – auf sich und Ihren Körper, damit die gute Laune und insbesondere Ihr eigenes Wohlbefinden nicht zu kurz kommen. Dann werden Sie genauso viel Spaß an den Seen, Wäldern, Wiesen und Höhenwegen haben wie wir!

An die Stöcke, fertig los!

Ihre Simone Becker und Verena Böning

Touren-Symbole

START Startpunkt, Ausgangsort

km Streckenlänge, Dauer der Tour

▲ Höhendifferenz

S Schwierigkeit

🐞 Streckeninformation/Wegbeschaffenheit

JZ Jahreszeit

🚗 Anreise mit dem PKW

🚌 Anreise mit öffentlichen Verkehrsmitteln

P Parkplätze mit kurzer Beschreibung der Anfahrt

⊠ Einkehrmöglichkeiten

 Höhenprofile zeigen die Steigungsverteilung an

Kartenlegende

★	Sehenswürdigkeit	🦙	Wildgehege
🏰	Kirche, Kapelle	🌬	Aussichtspunkt
†ᵗ†	Friedhof	✚	Krankenhaus
🏰	Burg, Schloß	P	Parkplatz
🏛	Museum	Bf	Bahnhof
🏊 🏠	Freibad, Hallenbad	U S	U-Bahn / S-Bahn
•ₓ•	Hügelgrab	✈	Flughafen
⚏	Turm		

Tourenverlauf:

Startpunkt ○ ➜ Richtungspfeil ➜ Steigungen ➜ ⬩⬩⬩ Abstecher — Abkürzung, Alternative

Sauvakävely – Fitness auf Finnisch

Melancholische Trostlosigkeit der Arbeiter in Helsinki und alkohol-
süchtige Bauerntölpel in der Provinz - das finnische Kino zeichnet ein
amüsantes aber wenig vorteilhaftes Bild seiner Landsleute. Doch die
Realität im Land der unzählbaren Seen und unendlichen Wälder sieht
heute ganz anders aus: Bewegung und Sport in der freien Natur stehen bei den Finnen ganz hoch im Kurs. So ist es wohl kein Zufall, dass
in Finnland die Wurzeln des Nordic Walkings liegen.

Ganz neu ist diese Sportart natürlich nicht. Wintersportler nutzten
schon seit Jahrzehnten die Langlaufstöcke für ihr Sommertraining.
Doch mit dem heutigen Nordic Walking hatte das sowohl von der Bewegung als auch vom Material her wenig zu tun. Die Stöcke waren
zunächst schwerer und viel länger als heute üblich. Die Bewegung
der „Skigänger" ist heute Teil des Trainingsplans beim sportlichen
Nordic Walking. Ein Beispiel hierfür sind z. B. Schritt-Sprünge, bei denen der kraftvolle Abdruck trainiert wird.

Wer in den Bergen unterwegs ist, kennt das gelenkschonende Gehen mit Stöcken zwar schon lange. Doch auch hier liegen die Unter-
schiede zum Nordic Walking vor allem im Material. Leichte Carbon-
stöcke, spezielle Spitzen und ein innovatives Handschlaufensystem
brachten den Durchbruch zu einer eigenständigen Sportart. Ein finni-
scher Stockhersteller und eine finnische Sportschule trugen maßgeb-
lich dazu bei, dass aus dem Sommertraining von Leistungssportlern
ein Breitensport wurde. Beeinflusst wurde die Sportart auch von der
Walking-Bewegung aus den USA.

Es ist schon verflixt mit der englischen Sprache. Die Marketingma-
schinerie überflutet uns mit englischsprachigen Begriffen und der
Verbraucher lässt sich von diesen Modewörtern nur allzu gerne ein-
wickeln. Muss es wirklich sein, dass man z. B. das altbewährte Seil-
springen als „Rope Skipping" verkauft? Wohl kaum, doch Hand aufs
Herz: Hätten Sie sich jemals für die Sportart „Sauvakävely" oder
„Stockgang" interessiert? Die Erfindung des Begriffs „Nordic Walking" ist daher auch ein wichtiger Meilenstein, der die weltweite Ver-
breitung unterstützte.

In Finnland hat laut einer Umfrage jeder zweite Einwohner Nordic Walking bereits ausprobiert. Die sportliche Betätigung in der freien Natur stößt bei den traditionell naturliebenden Finnen auf große Begeisterung. Mit ein wenig Verzögerung verbreitet sich die Sportart auch im restlichen Europa. Nach der Sauna wird Nordic Walking zum neuen finnischen Exportschlager. In Deutschland schießen die Nordic Walking Schulen wie Pilze aus dem Boden und bei den zahlreichen Nordic Walking Verbänden verliert man fast den Überblick.

Besonders die Krankenkassen freuen sich über die neue Trendsportart, denn gesunde Mitglieder sind für sie im wahrsten Sinne des Wortes Gold wert. Sanftes Nordic Walking eignet sich perfekt für übergewichtige und untrainierte Personen. Es ist daher nicht weiter erstaunlich, dass viele Nordic Walker Sport Neueinsteiger sind, die den Absprung vom Sofakissen geschafft haben. Bis jetzt ist auch die Geschlechterverteilung eindeutig: Der Anteil an Frauen ist überproportional hoch.

Nicht zuletzt ist Nordic Walking auch ein lukrativer Markt, von dem jeder ein Scheibchen abhaben will. Fremdenverkehrsämter eröffnen Nordic Walking Parks und veranstalten Schnupperkurse oder Wettbewerbe. Meinen Augen nicht trauen wollte ich 2003 in Südkorea: Beim Wandern im Nationalpark begegnete mir doch tatsächlich ein koreanischer Anhänger der Sportart! Das sanfte Walken mit zwei Stöcken ist zur weltweiten Fortbewegungsart geworden.

Fans von Ystad bis Ootoki – Nordic Walking wird zum Weltsport

Heilspredigten der Nordic-Walking-Götter

Jeder Modetrend bringt aber auch Übertreibungen mit sich. Die Vorteile dieser Sportart sind zwar offensichtlich, doch das Rad wurde damit nicht neu erfunden. So ist es manchmal etwas erstaunlich, wie mit zweifelhaften Statistiken jongliert und übertriebenen Vorteilen geworben wird, um die Heilsbotschaft der Nordic Walking-Lehre zu verkünden. Weder ist Nordic Walking das mühelose Diätwunder, noch der endlich entdeckte Schlüssel zur Unsterblichkeit. Die medizinischen Vorteile sind zweifelsohne vorhanden, Übertreibungen daher gar nicht nötig.

Auch das teilweise dogmatische Verteufeln des „stocklosen" Laufens ist aus meiner Sicht eher abschreckend. Ob man ausschließlich Nordic Walking betreibt, oder die neue Ganzkörpersportart nur als Ergänzung sieht, sollte man der Freiheit des Einzelnen überlassen. Laufen, Rad fahren, Wandern, Schwimmen und zahlreiche andere Sportarten haben alle ihren Reiz und ihren gesundheitlichen Nutzen.

Immer ist dabei jedoch von entscheidender Bedeutung, wie diese Sportarten ausgeübt werden. Das gilt besonders für Nordic Walking, das Viele mit einer falschen Technik betreiben. Zahlreiche gesundheitliche Vorteile sind dann nur noch auf dem Papier vorhanden. Neueinsteigern kann daher nur geraten werden, sich von einem Experten auf die Stöcke schauen zu lassen. Das muss nicht immer ein Trainer sein, es kann natürlich auch ein Nordic Walking Anhänger aus dem Freundeskreis sein. Doch dann sollte man sich sicher sein, dass dieser auch die Technik beherrscht.

Bei allen Statistikspielereien, mit denen die Vorteile der verschiedenen Sportarten verglichen werden, eines wird dabei nicht erfasst: die Zufriedenheit und psychische Ausgeglichenheit, die jeder auf seine Weise entdeckt. Wer sich mit den beiden Stöcken angefreundet hat und seine ersten Touren entlang von goldenen Weizenfeldern, rauschenden Bächen und Schatten spendenden Wäldern hinter sich hat, wird diesen Sport lieben. Tief in unserem Herzen sind wir doch alle Finnen!

Kristian Bauer

Gesundheit

Bewegung in der Natur ist das beste Rezept für Wohlbefinden und Gesundheit

Ruhe, Einsamkeit und die Stille der Natur ziehen gerade in unserer hektischen Zeit wieder vermehrt Menschen in ihren Bann. Das Wandern in den Bergen erlebt momentan eine Renaissance und Nordic Walking ist die neue Gesundheitssportart.

Schon vor 50 Jahren waren die skandinavischen Langläufer im Sommertraining ohne Ski stundenlang mit Ihren Stöcken unterwegs. Auch jetzt noch wird diese Art des Trainings im Skilanglauf, Biathlon und in der Nordischen Kombination angewandt und „SKIGANG" genannt. Um die Bedingungen des Skilanglaufs zu simulieren, werden Skistöcke für eine Reihe von Übungen eingesetzt, bei denen man in allen Geländearten springt, geht oder läuft.

Anfang der 90er Jahre wurden in Finnland von Ärzten, Spitzensportlern und der Industrie spezielle Nordic Walking Stöcke konzipiert. Durch die Verwendung von Stöcken aus einem Karbon-Glasfasergemisch und einem speziellen Handschlaufensystem wurde eine Ganzkörpertrainingsart entwickelt, die sowohl das Herz-Kreislauf-System als auch circa 90% der gesamten Muskulatur trainiert.

Dies bedeutet, dass auch der Oberkörper aktiv in die Bewegung einbezogen wird und Bauch-, Brust-, Rücken-, Arm- und Schultermuskulatur zusätzlich zur Muskulatur der unteren Extremitäten gekräftigt werden. Außerdem werden beim Nordic Walking Schulter- und Nackenverspannungen gelöst, viele Kalorien verbrannt, und die Hüft-, Knie- und Fußgelenke entlastet.

Die Stöcke vermitteln zusätzlich auf glattem Untergrund ein sicheres Laufgefühl und können für Kräftigungs- und Dehnübungen eingesetzt werden. Nordic Walking ist schnell erlernbar und unabhängig von Alter, Geschlecht oder Kondition für nahezu jeden geeignet.

Nordic Walking ist so gesund, weil:

1. Nordic Walking trainiert die aerobe Ausdauer und kräftigt gleichzeitig circa 90 % unserer gesamten Muskulatur

2. Nordic Walking kann eine Lockerung von Muskelverspannungen im Schulter- und Nackenbereich bewirken

3. Nordic Walking verbessert die Herz- Kreislaufleistung

4. Nordic Walking entlastet den Bewegungsapparat und ist daher besonders geeignet für Personen mit Übergewicht, Knie- und Rückenproblemen

5. Nordic Walking wirkt positiv auf das Immunsystem

6. Nordic Walking ist weit aus effektiver als Walking ohne Stöcke

7. Nordic Walking verbindet gesundes Abnehmen mit Naturerlebnis

8. Nordic Walking fördert den Abbau von Stresshormonen

9. Nordic Walking verzögert den Alterungsprozess

10. Nordic Walking fördert Kreativität und das Denkvermögen

11. Nordic Walking mindert die Insulinresistenz, beugt effektiv Diabetes vor

12. Nordic Walking stärkt die Knochen, mindert das Osteoporose-Risiko

13. Nordic Walking reinigt die Blutgefäße und senkt die Blutfettwerte

14. Nordic Walking ist der perfekte Ausgleich für Körper und Seele

Heute ist unstrittig, dass Bewegungsmangel ein Risikofaktor für die Gesundheit ist.

Viele der heutigen Zivilisationskrankheiten würden weit weniger häufig auftreten, würden sich die Menschen nur genügend an der frischen Luft bewegen.

Große Bevölkerungsstudien belegen, dass ein zusätzlicher Energieverbrauch durch körperliche Aktivität von etwa 1000 kcal pro Woche insbesondere das Herz/Kreislauf-Erkrankungsrisiko stark reduziert, aber auch präventiv wirksam ist. Dies wird in den hoch industrialisierten Ländern derzeit nur von maximal 10–20 % der erwachsenen Bevölkerung erreicht.

Die Folgen sind katastrophal für die Lebensqualität, für die Entstehung insbesondere von Herz-Kreislauf- sowie Muskel-Skelett-Erkrankungen. Körperliche Inaktivität mit ihren Folgen wurde demzufolge bereits als das zentrale Gesundheitsproblem des dritten Jahrtausends bezeichnet. Bewegung, die Ziel gerichtet, regelmäßig, mit moderater Intensität und einen Mindestumfang von etwa zwei Stunden pro Woche durchgeführt wird, stellt gesichert einen zentralen Schutzfaktor der Gesundheit dar.

Besonders die Krankenkassen freuen sich über die neue Trendsportart, denn gesunde Mitglieder sind für sie im wahrsten Sinne des Wortes Gold wert. Viele der gesetzlichen Krankenkassen beteiligen sich an den Kurskosten. Sanftes Nordic Walking eignet sich perfekt für übergewichtige und untrainierte Personen.

Die Zeiten, in denen Nordic Walker als Exoten betrachtet werden sind passé, denn kaum ein anderer Fitnesssport liegt derart im Trend. Nordic Walking ist die ideale Ausdauersportart, um auf eine Gelenk schonende, aber effektive Weise den ganzen Körper zu trainieren. Hinzu kommt die Bewegung an der frischen Luft in unserer wunderschönen Landschaft.

Gerne werden Sie auch unterstützt von der AOK

 „Die Gesundheitskasse"

Ausrüstung

Stöcke

Die Stöcke sollen einen effektiven und sicheren Bewegungsablauf gewährleisten.

Egal, ob aus Fiberglas, Carbon oder Aluminium, die Walking-Stöcke sollten leicht und elastisch sein. D. h. der Stock soll trotz kurzzeitiger Verbiegung unter Belastung anschließend wieder vollständig in die Ausgangslage zurück schwingen. Verschiedene Hersteller bieten Walking-Stöcke mit ergonomisch geformtem Griff an, andere sind gerade gestaltet. Welche Form die Bessere ist, sollte jeder individuell entscheiden.

Wichtig ist: Der Stock muss bequem in der Hand liegen. Entscheidend für die Bequemlichkeit und Druckübertragung ist auch die Handschlaufe. Sie sollte aus einem stabilen, aber weichen Material gearbeitet und breit sein. Das kann unangenehme Blasen an den Händen verhindern. Zudem dürfen die Schlaufen, sind sie and der Hand befestigt, nicht zu viel Spiel zum Griff haben. Besonders bewährt haben sich in der Praxis Schlaufen zum Ausklicken.

Ein Gummipuffer an der Stockspitze gibt auf Asphalt besseren Halt und federt den Aufprall ab. Der Puffer sollte deshalb aus einem weichen, aber reibungsresistentem Material wie Gummikautschuk bestehen.

Mein TIPP: Bei namhaften Stockherstellern gibt es die Verschleißteile, wie z. B. Gummipuffer, Spitzen und Handschlaufen zum Nachbestellen.

Wahl der richtigen Stocklänge. Was versteht man unter der richtigen Stocklänge?

Die optimale Stocklänge für Nordic Walking ist dann gegeben, wenn die Diagonalschritt-Technik in der Ebene mit kompletter Armzug- und Stockschubphase einen runden Bewegungsablauf ergibt, ohne dass dabei unnatürlich große Schritte bzw. unphysiologische Ausweichbewegungen in der Schulter entstehen.

Wann sind Stöcke zu lang?

Von zu langen Stöcken ist dann die Rede, wenn die Diagonalschritt- und Armtechnik nicht vollständig, rund und harmonisch ablaufen kann, ohne dass dabei überlange Schritte oder Ausweichbewegungen über die Arme durchgeführt werden müssen.

Die richtige Stocklänge

Verschiedene Formel im Sportfachgeschäft geben Anhaltspunkte die richtige Stocklänge zu ermitteln. Jedoch sollte man bedenken, dass zwar auf die Körpergröße, nicht aber auf die Körperproportionen, wie z. B. Verhältnis Oberkörper zu Unterkörper, Armlängen und Schulterbeweglichkeit eingegangen wird. Der große Vorteil von verstellbaren Stöcken besteht darin, dass sie sich an unterschiedliche Geländeformen, den Trainingslevel und Körpergrößen anpassen lassen.

> **Mein TIPP:** Lassen Sie sich von einem erfahrenen Trainer nach einem Probegang die exakte Stocklänge ermitteln.

Für normales Nordic Walking in der Ebene wählen Sie eine Stocklänge, so dass Ihr Ober- und Unterarm einen 90 ° Winkel bilden. Bei Anfängern, für Technikschulung und Krafttraining haben sich kürzere Stöcke bewährt.

Übersichtstabelle Stockgröße/Körpergröße	
105	153–158 cm
110	159–165 cm
115	166–172 cm
120	173–180 cm
125	181–187 cm
130	188–194 cm

Richtwerte

Schuhe

Der optimale Nordic Walking Schuh sollte folgende drei Faktoren erfüllen:

Den Fuß beim Aufprall auf den Boden dämpfen, das Fußgelenk beim Auftreten auf den Boden stützen und den Fuß flexibel und trotzdem sauber durch die Abrollbewegung führen. Der Schuh sollte ein gutes Profil haben, leicht, bequem und knöchelfrei sein, damit eine saubere Fußführung und Abrollbewegung gewährleistet ist. Für den ambitionierten Nordic Walker ist es optimal mehrere Schuhe zu besitzen, sodass je nach Bodenbeschaffenheit, Trainingsbelastung und Wetterverhältnissen gewechselt werden kann.

> **Übrigens:** Materialien wie z. B. GORE-TEX, Sympatex oder Event verhindern, dass Wasser in den Schuh eindringt, und lassen Ihre Füße aber dennoch „atmen". Diese Technologien bieten idealen Klima-Komfort bei allen Outdoor-Aktivitäten, auch bei widrigsten Witterungsbedingungen. So bleiben Ihre Füße angenehm trocken und kühlen nicht aus.

Auch bei den Socken sollten Sie darauf achten, dass Sie sich für Funktionssocken entscheiden, denn im Gegensatz zu den guten alten Baumwoll-Socken dämpfen diese Ihre Füße zusätzlich, halten sie trocken und warm.

Ergonomisch geformte Sohlenpolster wirken Druck verteilend und schützen den Fuß vor Blasen und Scheuerstellen.

Der kleine Unterschied

Für den Einstieg in das Nordic Walking, oder bei der Softtechnik, bei der die Arme maximal bis auf Hüfthöhe zurückschwingen, Tempo und Schrittlänge aber noch denen des Country- bzw Performance-Walking ähnlen, eignen sich reine Walking-Schuhe, mit einem geraden Leisten, die das bewusste Abrollen an einer geraden Längsachse unterstützen.

Für ambitioniertes Nordic-Walking bieten sich dagegen Schuhe an, die Elemente aus Walking und Running verbinden. Durch den aktiven Abstoß per Stock mit weiter ausholenden Armbewegungen (Fitnesstechnik) erhöht sich der Vorwärtsschwung des Walkers, die Schritte werden länger und die sportliche Beanspruchung steigt. Ein aktiveres Abroll-verhalten über den Fersen-Außenrand zur großen Zehe wird absolut notwendig, der Laufstil entspricht wieder mehr dem S-förmigen Bewegungsmuster beim Joggingstil. Sinnvoll wären beim sportlichen Gehen mit Stöcken also Sportschuhe mit gebogenem Leisten.

Gleichzeitig wird durch den Stockeinsatz der Bewegungsapparat um bis zu 30 Prozent entlastet. Die vertikalen Aufprallkräfte betragen „nur" das ein- bis 1,5 fache des eigenen Körpergewichtes (beim Running das 2 bis 2,5 fache). Die für Running-Schuhe typischen Dämpfungselemente in Vor- und Rückfuß sind deswegen weniger relevant. Bei einem echten Nordic-Walking-Schuh werden sie zugunsten eines dynamischen, griffigen Walkgefühls reduziert und an die Anforderungen angepasst.

Die richtige Größe – dann geht´s prima
Ganz wichtig: Schuhe nicht zu klein kaufen, am besten sogar eine bis eineinhalb Nummern größer als Straßenschuhe. Auch in der Weite muss der Schuh perfekt sitzen, darf weder zu weit noch zu eng sein – das gilt übrigens für Running genauso wie für Walking. Schließlich sollen keine Druckstellen entstehen und der Fuß genügend Bewegungsfreiheit haben. Mit den falschen Schuhen wird jeder gesunde Sport zum Gesundheitsrisiko: Muskeln und Gelenke werden falsch belastet, langfristig kann es zu Fehlhaltungen kommen. Die Gefahr von Verletzungen durch frühe Ermüdungserscheinungen und durch Umknicken beim Walken steigt.

Bei einem zu schmalen Schuh beispielsweise kann es zu einer Kompression des Vorfußes kommen: der Druck auf die Nerven zwischen den Mittelfußknochen bringt vorübergehende, in schweren Fällen bleibende Nervenschäden, etwa mit Taubheitsgefühlen, was sogar zur "Morton Neuralgie" (Schädigung des Nervengewebes) führen kann. Zudem kann durch Überbelastung und Schwielenbildung unter den Mittelfußköpfchen eine Reizung der Knochenhaut entstehen, die sich oftmals als extrem schmerzhaft entwickelt.

Bei Schuhspezialisten, die ein Weitensystem für ihre Schuhe entwickelt haben, wie z.B. New Balance, werden auch Menschen, die von der Norm abweichen fündig. Ein Unternehmen mit orthopädischem Background bietet sogar bis zu vier Weiten an. Dabei gibt es neun spezielle Messpunkte, die voneinander abhängen und sich je nach Breite oder Länge des Fußes entsprechend verändern. Denn Schuhe sollen nicht nur einfach weiter sein, sondern insgesamt abgestimmt. Derartige Modelle passen dann wie maßgeschneidert, geben dem Fuß Halt, wo er ihn braucht und Spielraum, wo Bewegungsfreiheit gefragt ist. Ein Service gut sortierter Sporthändler: Mit einem Vermessungsgerät des Schuhherstellers erfassen sie per Infrarot-Scan millimetergenau Größe und Weite und mögliches Belastungsprofil.

Bekleidung

Die Bekleidung sollte angenehm sitzen, nicht zu eng anliegen und nicht zu weit sein, also einen großen Bewegungsspielraum ermöglichen. Grundsätzlich empfiehlt sich Funktionsbekleidung um bei allen Wetterverhältnissen (Hitze, Kälte, Regen, Sturm) bestens ausgerüstet zu sein.

Bei jeder Bewegung wird in den Muskeln Energie erzeugt - 70 Prozent davon in Form von Wärme. Diese muss über die Haut schnell abgegeben werden, um einen Hitzestau zu vermeiden. Aus diesem Grund sollten Sie gerade im Sommer auf leichte, luftige und vor allem mit Funktionsfasern ausgestattete Kleidung achten. Das gute alte „Zwiebelprinzip" hilft Ihnen, durch mehrere übereinander getragene Lagen, bei jeder Temperatur adäquat gekleidet zu sein.

Ob zu zweit oder in der Gruppe, NORDIC WALKING , der sanfte und effektive Gesundheitssport macht Spaß und wirkt wie Balsam für die Seele

Funktionsunterwäsche transportiert den Schweiß vom Körper weg, ohne diesen in sich aufzunehmen. Dadurch bleibt der Körper angenehm trocken und kühlt nicht aus. Integrierte Reflektoren sorgen bei Dunkelheit für Sicherheit. Den schließlich soll nicht das Wetter schuld daran sein, nicht zum Nordic Walking gehen zu können.

Kopfbedeckung und Handschuhe

Ebenso empfehlen ich bei Nordic Walking Touren eine entsprechende Kopfbedeckung. Bis zu 70 Prozent der Körperwärme können über Kopf und Nacken verloren gehen. Im Sommer dient die Kopfbedeckung als Sonnenschutz. Eine Sportsonnenbrille schützt Ihre Augen vor schädlichem UV-Licht, und dient zusätzlich als Schutz gegen Insekten, Blütenstaub und Wind. Handschuhe ermöglichen einen optimalen Stockgriff und verhindern Blasenbildung.

Herzfrequenz-Messgeräte

Wer effektiv und kontrolliert sein Training gestalten und überwachen möchte, sollte einen Herzfrequenzmesser zu Hilfe nehmen. Von einem im Brustgurt integrierten Sender wird die Herzfrequenz registriert und über Funk (drahtlos) an die Uhr (Empfänger) übermittelt. Die Erfassung des Herzschlags durch die in den Gurt integrierten Brustelektroden nach EKG-Methode gilt als die genaueste Messart.

Komfortable Modelle lassen eine Programmierung des gewünschten Trainingsbereichs zu, dessen Über- oder Unterschreiten durch ein akustisches und/oder optisches Signal angezeigt wird. Diese Werte liefern wichtige Informationen zur effektiven Steuerung des Trainings. Die Uhr wird beim Nordic Walking am Handgelenk getragen. Der Gurt sollte nicht zu eng sitzen – die Atmung darf keinesfalls behindert werden – darf aber auch nicht rutschen. Die Elektroden können die Herzfrequenz nur erfassen, wenn sie leicht angefeuchtet sind. Entweder benetzt man sie vor dem Training ein wenig mit Wasser oder Sie bewegen sich einige Minuten, bis durch die natürliche Schweißproduktion der Kontakt zu Stande kommt.

In der unmittelbaren Nähe von starken Stromquellen (Hochspannungsleitungen, Eisenbahnlinien) kann es zur kurzzeitigen Anzeige sehr hoher Werte oder zum Ausfall kommen. Unter Umständen kommt es beim Training in der Gruppe zu Überschneidungen und Irritationen der einzelnen Sender und Empfänger.

Technik

Nordic Walking ist schnell erlernbar, dennoch empfehle ich die Teilnahme an einem Kurs. Nur bei einer korrekten Bewegungsausführung ist Nordic Walking effektiv und macht Spaß. Wer sportliche Aktivitäten neu oder wieder aufnimmt, sollte zuvor seinen Arzt konsultieren und sich die Sporttauglichkeit bestätigen lassen. Bei Vorerkrankungen kann es durch Sport zu eventuellen Schädigungen am Körper kommen.

Tipps zum Erlernen der Grundtechnik

Von unten in die Stockschlaufen greifen, rechts und links beachten

Die Hände sind locker, die Stöcke pendeln rhythmisch parallel zum Körper

Pendelbewegung steigern, Arme stärker durchziehen bis Stock Bodenkontakt hat

Stock greifen, anheben und bewussten Stockeinsatz setzen

Abwechselndes Öffnen und Schließen der Hand

Alle Gelenke leicht gebeugt halten

Erlernen der Technik in drei Schritten

1.) Die Stöcke in die Hand nehmen, vom Boden abheben und mit zügigem Schritttempo beginnen. Achten Sie auf ein entspanntes Gehen, locker, ohne verkrampfte Schultern, wobei die Arme parallel zum Körper nach vorn und hinten schwingen. Die Arme sind nur leicht gebeugt. Wenn Sie nun im Diagonalschritt laufen (= rechter Fuß mit linker Hand vorne und umgekehrt), haben Sie schon die Basis fürs Nordic Walking gelegt.

2.) Die Stöcke parallel neben dem Körper mit geöffneten Händen nachschleifen. Wir bleiben in der rhythmischen Pendelbewegung. Die Stöcke werden tief gehalten. Die Hand nun weit nach vorne führen und spüren, wenn die Stockspitze am Boden greift. Diesen Widerstand nun mit Druck über das Schlaufensystem zwischen Daumen und Zeigefinger verstärken.

3.) Die Konzentration liegt nun auf dem verstärkten Einsatz der Stöcke. Der Arm wird schnell und weit nach vorne geführt. Der Stock schwebt dabei leicht über dem Boden und sucht sich seinen Halt im Boden beim Beginn der Rückbewegung des Armes von

alleine. Ein präziser, kräftiger Stockeinsatz mit geschlossener Hand wird gesetzt. Beim Zurückführen des Stockes bis hinter die Hüfte wird die Hand geöffnet, d.h. Sie lassen den Stock los, sodass der Stockschwung bis hinter die Hüfte ausgeführt werden kann. Der Armzug endet, wenn der Arm fast gestreckt ist. Der Druck wird ständig über die Schlaufe an den Stock weitergegeben. Nun greift die vordere Hand den Stock und beginnt mit dem nächsten Stockeinsatz. Dadurch stellt sich ein ständiges, abwechselndes Öffnen und Schließen der Hände ein.

Wieso dieses spezielle Schlaufensystem?

Gehen Sie in Schrittstellung und versuchen Sie sich mit geschlossener Hand so weit wie möglich am Stock vorbei zu schieben. Sie werden an einen Punkt kommen, an welchem der Ellbogen und das Handgelenk die Bewegung blockieren. Um jedoch einen gezielten Trainingseffekt für die Rücken-, Schultergürtel- und Armstreckermuskulatur zu erzielen, ist die Beinahe-Streckung des Armes bis hinter die Hüfte unerlässlich. Dazu müssen Sie den Stock loslassen. Das Schlaufensystem sorgt für die permanente, enge Verbindung zum Stock. So können Sie trotz geöffneter Hand den Druck auf den Stock über die Schlaufe weitergeben, und sich nach vorne wegschieben.

Weitere Nordic Walking-Techniken:

Bergauf

Beim Bergauf gehen wird der Oberkörper etwas weiter nach vorne gebeugt. Der Stockeinsatz erfolgt nun senkrechter als in der Ebene. Und die Schrittlänge wird sich verkürzen. Wir setzten ganz bewusst die Arme mit ein, und können uns mit einem kräftigen Stockeinsatz nach oben schieben.

Bergab

Beim Bergab gehen halten wir die Knie ständig leicht gebeugt und verlagern unseren Körperschwerpunkt tief nach hinten. Wir machen kleine Schritte und rollen dabei bewusst von der Ferse bis zum großen Zeh ab. Die Stöcke dienen als Stabilisator und geben Sicherheit.

Im steilen Gelände kann es notwendig sein, die Stöcke als Gleichgewichtshilfe weit vor dem Körper einzusetzen.

Nordische Softies

Der DSV hat einen interessanten Ansatz zur Differenzierung der Intensität und des Bewegungsumfangs. So unterscheidet das Ausbildungskonzept die Techniken Soft, Fitness und Sport.

Sport-Technik

Das ist die richtige Trainingsmethode für Hochleistungssportler und ambitionierte Freizeitsportler. Die Grundtechnik ist ähnlich wie bei der Fitness-Technik. Sowohl die Intensität des Stockeinsatzes als auch der Bewegungsumfang sind groß. Zusätzlich werden gezielte Übungen wie Doppelstockgang bergauf, Skigang bergauf oder Schritt-sprünge in das Training integriert.

Mit dieser Methode ist ein gezieltes Training möglich, dass vor allem als Vorbereitung auf den Wintersport ideal ist.

Fitness-Technik
Die übliche Nordic-Walking-Idealtechnik für Fortgeschrittene wird mit der Fitness-Technik umschrieben. Das bedeutet ein großer Bewegungsumfang, die Arme schwingen an der Hüfte vorbei, die Hände schließen vorne und öffnen sich hinten.

> **Übung:** Gehen Sie mit geöffneten HÄNDEN und entwickeln Sie Vertrauen ins Schlaufensystem. Der Stock sucht sich selbst seinen Halt.

Diese Technik ist ideal um die gesundheitlichen Vorteile des Nordic Walkings voll auszuschöpfen und wird daher das langfristige Ziel der meisten Sportler sein.

Soft-Technik
Die Soft-Technik ist die ideale Einstiegstechnik. Wer das Gehen mit Stöcken erlernen will, nutzt diese Technik. Die Arme bleiben dabei immer locker gestreckt, der Körper ist aufrecht, die Hände schwingen mindestens bis zur Hüfte und die Hände umklammern den Stock nur ganz locker.

Dies ist die kraftsparendste Technik, die besonders von Einsteigern und auf langen Strecken verwendet werden sollte. Die Herz- und Kreislaufbelastungen sind bei dieser Technik niedrig. Sowohl der Trainingseffekt, als auch die gesundheitlichen Einflüsse sind aber gering.

Für den Freizeitsportler sind vor allem die Techniken Soft und Fitness relevant. Natürlich ist eine chirurgisch exakte Unterscheidung zwischen den beiden Techniken nicht möglich. Die Skizzierung der Idealformen ermöglicht aber, eine persönliche Entwicklung nachzuvollziehen. Jeder sollte mit der Soft-Technik beginnen und sich klar machen, dass diese Technik zur Fitness-Technik ausgebaut werden kann.

Fehler beim Nordic Walking

Die Liste gebräuchlicher Fehler beim Nordic Walking ist lang. Da man aus Fehlern bekanntlich am besten lernt, hier die gängigsten Beispiele:

Die Stockträger

Das sind fleißige Zeitgenossen, die Ihre Stöcke immer vor sich hertragen. Das bringt Muskeln, ist aber nicht im Sinne des Erfinders. Ein entspannter Schwungvorgang findet nicht statt. Dadurch wird die optimale Durchblutung verhindert und möglicherweise entstehen sogar Verspannungen.

Die Spaziergänger

Gehen in einem sehr langsamen Tempo dahin und begleiten ihren Spaziergang nach belieben mit einem Stockeinsatz. Das ist sicherlich gesund, die vielen Vorteile des Nordic Walkings werden so aber nicht genutzt. Besonders der Energieverbrauch ist natürlich deutlich niedriger.

Die Bodenschoner

Bei dieser Gruppe scheint der Respekt vor der Stockspitze groß zu sein. Der Druck auf den Stock ist zu gering, die körperliche Belastung und damit der Trainingseffekt auch. Wer seine Stöcke liebt, der schiebt!

Die Kurzschwinger

Sie bemühen sich redlich, haben aber Angst ihre Arme hinter sich zu lassen. Sie brechen daher den Schwung zu früh ab. Das ist nicht wirklich schlimm, aber eben nicht die ideale Bewegungsform.

Training

Trainingslehre

Alle Systeme des Körpers sind auf die alltägliche, immer wiederkehrende Belastung ausgerichtet. Die Muskulatur ist nur so stark, dass sie einen normalen Tag bewältigen kann, das Herz-Kreislaufsystem ist nur so leistungsfähig, wie es Tag für Tag gefordert wird. Gegen Ende des dritten Lebensjahrzehnts beginnt der Körper damit, Muskelmasse abzubauen; etwa drei Kilogramm binnen zehn Jahren. Um diesen Prozess entgegen zu wirken, hat jeder die Möglichkeit, den Körper im positiven Sinne zu manipulieren, also ihn zu trainieren. Der Körper ist in der Lage, sich verändernden Bedingungen bzw. Belastungen anzupassen.

Jede Kraftleistung beruht auf dem Zusammenspiel des Nerven-Muskelsystems. Je besser diese Kommunikation funktioniert, desto größere Kräfte können entwickelt werden. Beim Nordic Walking werden mit Dauer des Trainings immer mehr von unseren brachliegenden Nerven-„Datenautobahnen" erschlossen und verknüpft. Dadurch steigt der Anteil an Muskelfasern, die mit Informationen des Nervensystems versorgt werden, und ein effektiveres arbeiten unserer Muskulatur kann gewährleistet werden.

Das Ziel des Trainings ist es immer, den Körper und dadurch seine Leistungsfähigkeit zu verändern. Diese Veränderungen können sich durch eine Gewichtsreduktion, einer stärker ausgeprägten Muskulatur, in einer besseren Koordination äußern, oder sich messbar im Wettbewerb zeigen. Dazu ist es notwendig einen ungewohnten Reiz, eine Belastung zu. setzen.

Für den Trainingserfolg sind neben der Regelmäßigkeit die unterschiedliche Stärke und Ansteuerung des Reizes, der auf den Körper einwirkt, entscheidend. Jeder Reiz innerhalb einer Trainingseinheit führt dazu, dass die Energiereserven verbraucht werden und der Körper ermüdet. Direkt nach der Trainingseinheit beginnt sich der Körper zu regenerieren. Über das Essen werden die leeren Energiespeicher wieder gefüllt, und ein tiefer und fester Schlaf sorgt für die notwendige Regeneration.

Übrigens: Allein über die Intensität des Stockeinsatzes können Sie Ihre Herzfrequenz um 5 bis 10 Schläge erhöhen.

Grundposition

Füße hüftbreit öffnen und Knie leicht gebeugt halten

Gesäß- und Bauchmuskulatur leicht anspannen

Schultern locker lassen und Richtung Wirbelsäule ziehen

Brustbein heben und Kopf in Verlängerung der Wirbelsäule halten

Blick geradeaus und ruhig und bewusst atmen

Gewicht gleichmäßig auf beide Füße verteilen

Grundposition

Regelmäßiges Krafttraining fördert die Vermehrung und Stärkung der kleinen Blutgefäße (Kapillaren) und damit die Sauerstoffversorgung des Körpers. Ein trainiertes Herz kann Bluthochdruck sowie Durchblutungsstörungen vorbeugen. Die Ruheherzfrequenz wird sinken, dadurch schlägt das Herz langsamer und kann ökonomischer arbeiten. Eine harmonische Muskelentwicklung kann Fehlbelastungen des Skeletts entgegenwirken, und zusätzlich den Bewegungsapparat stützen.

Kräftigung

Es gibt eine ganze Reihe wirkungsvoller, leicht auszuführender Kräftigungs-Übungen, aus denen Sie sich Ihr eigenes Programm zusammenstellen können. Ob alleine, zu zweit oder in der Gruppe. Die Übungen können auf halber Tourenstrecke, am Ende der Nordic Walking Einheit oder aber auch als Extra-Training absolviert werden. (Übungen zur Kräftigung auf S. 30)

Der ideale Fettstoffwechselpuls?

Bei den Empfehlungen zur Fettverbrennung gibt es einige grundlegende Irrtümer. So gibt es den Irrglauben, dass eine zu starke Anstrengung nichts nützt, da nur bei niedrigem Puls die Fettverbrennung optimal funktioniert. Oft wird sogar der Eindruck erweckt, dass es einen bestimmten Fettstoffwechselpuls gibt, der als einziger das effektive Abnehmen ermöglicht. Das ist falsch!

Bei jeder körperlichen Anstrengungen werden Fette und Kohlenhydrate verbrannt. Bei geringer Belastung ist der Anteil der verbrannten Fette höher, als der Anteil der Kohlenhydrate. Bei hohem Puls kehrt sich das Verhältnis um. Bei starker Anstrengung werden also überwiegend Kohlenhydrate und prozentual weniger Fette verbraucht.

Entscheidend ist aber, dass der Gesamtkalorienverbrauch ansteigt und damit unterm Strich evtl. mehr Fett verbrannt wird. Es gibt also keinen Zwang zum Training in einem bestimmten Bereich, der die ideale Fettverbrennung ermöglicht. Sie dürfen Ihren eigenen Weg finden. Ob das lieber öfter und länger oder kurz und knackig ist, liegt bei Ihnen.

Aus gesundheitlichen Gründen sollte aber jeder Anfänger mit niedriger Belastung trainieren. Einfach gesagt: lieber bei niedrigem Puls, aber dafür länger! Ausdauertraining ist besonders wichtig, weil dadurch die Zahl und Leistung der „Mitochondrien" in den Muskeln gesteigert werden. Diese Zellkraftwerke verbrennen Fett und Kohlenhydrate und sind daher für den Fettabbau entscheidend.

Wer nach einiger Zeit über eine gute Grundfitness verfügt kann jetzt auch gelegentlich bei höherer Intensität trainieren. Erlaubt ist, was gefällt! Ebenfalls ergänzt werden kann dies durch zusätzliches Krafttraining, denn mehr Muskelmasse bedeutet einen höheren Grundenergieverbrauch. Ein paar Kraftübungen am Ende einer Nordic-Walking-Tour erfüllen diesen Zweck.

Übersehen wird oft auch der sogenannte „Nachbrenneffekt", was bedeutet, dass ein Großteil der Energie nach dem Training verbrannt wird. Erfolgreich ist nur eine Methode bei der unterm Strich mehr Fett verbraucht wird, als neu zugeführt wird. Die Herzfrequenz ist also nur zweitrangig. Viel wichtiger sind die richtige Ernährung sowie Häufigkeit und Dauer der sportlichen Betätigung.

Ohne Schweiß kein Preis

Fachleuten empfehlen ein Training von mindestens 30 Minuten und das drei bis vier Mal wöchentlich. Ich persönlich sehe jedoch auch eine Gefahr in zu großen Zielen, die dann jeden Spaß rauben. Wer erst einmal ein Jahr lang mit seinen Stöcken unterwegs war, wird auf dieses Vergnügen nicht mehr verzichten wollen. Auch hier gilt: Man sollte vor allem langfristig denken und nicht mit zu viel Druck den Spaß vertreiben. Bei vielen Sportlern bewährt haben sich feste Wochentage, an denen immer trainiert wird. Dann darf weder das Fernsehprogramm noch das Wetter als Ausrede herhalten. Mit der richtigen Kleidung geht es fast immer!

Übungen zur Kräftigung

Oberkörper

- A u. B stehen sich in Schrittstellung gegenüber
- Stöcke u. Ellenbogen waagrecht auf Schulterhöhe halten
- Beide greifen die Stöcke von oben
- A versucht die Stöcke gegen den Widerstand von B wegzudrücken und den Arm zu strecken
- B übernimmt den Druck, jetzt beugt sich der Arm von A
- Oberkörper bleibt ruhig

Armstrecker

- Stock senkrecht hinter den Rücken nehmen
- Ellenbogen des oberen Armes anwinkeln
- die obere Hand zieht den Stock bis es zur beinahen Armstreckung kommt
- die untere Hand hält dagegen

Oberschenkel

- Stöcke auf Schultern ablegen
- Tief gehen
- Gesäß nach hinten schieben
- Gewicht auf der Ferse
- Kniegelenk nicht über Zehenspitze schieben

Übungen zur Dehnung

Wade

- Große Schrittstellung
- Vorderes Knie beugen
- Hintere Ferse fest in den Boden drücken
- Hüfte gerade nach vorne schieben
- Fußspitzen zeigen nach vorne

Oberschenkelinnenseite

- In Grätschstellung gehen
- Einen Fuß auf die Ferse stellen und Zehen zum Schienbein ziehen
- Das Knie vom anderen Fuß anwinkeln
- Gesäß schräg nach hinten absetzen
- Kniegelenk nicht über Zehenspitze schieben

Gesäß

- Rechter Fuß auf linken Oberschenkel ablegen
- Gesäß nach hinten absetzen
- Kniegelenk nicht über Zehenspitzen schieben
- Stöcke zur Stabilisierung verwenden

Regeln beim Dehnen:
- Grundposition einnehmen
- Statisch dehnen, kein Nachfedern
- Langsam die Dehnposition einnehmen und wieder verlassen
- Dehnposition 30 – 60 Sekunden lang halten
- Jede Übung 1 bis 3 Mal wiederholen
- Tief, ruhig und gleichmäßig atmen
- So weit möglich: sanft dehnen. „Dehnung ja – Schmerz nein"

Trinken, aber richtig!
Viele kennen wohl aus Ihrer Kindheit noch die Empfehlung, während dem Sport möglichst wenig zu trinken. Ganze Bergsteigergenerationen haben mit eisernen Willen diesen falschen Grundsatz befolgt. Trotz der gegenteiligen wissenschaftlichen Erkenntnis, trinken auch heute noch viele Sportler zu wenig oder falsch. Wird der Wasserentzug beim Sport zu groß, treten nicht nur Stoffwechselstörungen auf, sondern durch die Eindickung des Blutes wird auch die Herz-Kreislauf-Funktion beeinträchtigt.

Immer wenn die Muskeln arbeiten wird auch Wärme freigesetzt. Zur Regulierung der Temperatur setzt der Körper dabei Schweiß frei, der an der Körperoberfläche verdunstet. Neben Wasser, Kohlenhydraten und Schleimstoffen enthält der Schweiß auch Elektrolyte, also Mineralstoffe (Natrium, Kalium, Calcium, Magnesium etc.) und Spurenelemente. Es ist daher wichtig bei erhöhter sportlicher Belastung dem Körper diese Stoffe wieder zuzuführen. Die Deutsche Gesellschaft für Ernährung empfiehlt isotonische Getränke und Apfelsaftschorle. Sie rät jedoch aufgrund des hohen Zuckergehalts von Energy Drinks, Cola und Limonade ab.

Touren

Genug der Theorie jetzt wird es Zeit sich in die Praxis zu stürzen. Doch vorneweg ein paar Tipps zu den Angaben die jeder Tour vorangehen:

Zeitangaben

Ein unmögliches Unterfangen ist die allgemein gültige Zeitangabe zu den Touren. Während manche sportlich durch den Wald fegen, zelebrieren andere Nordic Walker die Gemütlichkeit in der Natur. Die angegebenen Zeiten sind daher als Mittelwert zu verstehen. Keineswegs sind in dieser Zeit längere Pausen eingerechnet, die sich bei zahlreichen Touren aber anbieten.

In der Literatur gibt es sehr unterschiedliche Meinungen zur optimalen Nordic-Walking-Geschwindigkeit. Der Selbstvermarktungskönig und Laufexperte Ulrich Strunz behauptet, dass unter 6 km/h eigentlich kein echtes Nordic Walking stattfindet. Damit hat er durchaus einen wahren Kern angesprochen. Denn Zeitvorgaben zu Touren, die jeder langsame Spaziergänger übertrifft, sind nicht sinnvoll. Man verwässert so leicht die Besonderheit von Nordic Walking. Doch hier einen Mittelweg zu finden ist nicht leicht.
Anhand der Höhenmeter und der Distanzlänge kann man mit etwas Erfahrung bald selbst eine individuelle Zeitschätzung durchführen.

Tourenbewertung

Leichte Touren verlaufen auf unschweren Wegen und erfordern nur eine geringe Kondition. Mittlere Touren setzen eine gewisse Ausdauer voraus. Schwierige Touren wenden sich an den trainierten Sportler, der die Technik auch über lange Strecken und im schwierigen Gelände einwandfrei beherrscht.

Höhenangaben/Höhenprofil

Die Höhendifferenz beschreibt die addierten Höhenmeter, die auf einer Tour zu bewältigen sind. Liegt die Summe der Höhenunterschiede unter 30 Metern, wurde der Wert nicht angegeben. Das kleine Höhenprofil soll Ihnen verdeutlichen, ob die Steigung gleichmässig verteilt ist. Die senkrechte Achse zeigt ob es von der Starthöhe aus gesehen rauf oder runter geht, die waagrechte Achse zeigt den Streckenverlauf. Das Profil ermöglicht einen groben Überblick zur Kräfteeinteilung.

1

Vom Adenauer zum Decksteiner Weiher

START Kleiner Parkplatz an der Jahnwiese (stadteinwärts neben dem großen Parkplatz, gegenüber vom Müngersdorfer Stadion)

km 8,6 km/90 min

⛰ Nicht nennenswert

S Mittel

🐾 Auf überwiegend Park- bzw. Schotterwegen geht es um den Adenauer und den Decksteiner Weiher

JZ Zu jeder Jahreszeit hat die Strecke ihren schönen und eigenen Charakter; im Winter gut zu walken!

🚗 Über die Militärringstraße kommend stadtauswärts über die Junkersdorfer Straße

Blick über den Decksteiner Weiher

S1 Haltestelle Junkersdorf, über den Carl-Diem-Weg und die Junkersdorfer Straße zum kleinen Parkplatz (~1,3 km)

 (kleiner) Parkplatz an der Jahnwiese (Müngersdorfer Stadion)

 Geißbockheim, Cluballee 1–3, 50937 Köln-Sülz, Tel. 02 21/43 35 36
Haus am See, Bachemer Landstraße 420, 50935 Köln-Linden-thal, Öffnungszeiten: tägl. ab 10.00 Uhr–Ende offen, Tel. 02 21/4 30 92 60

Diese etwas längere Tour, die sowohl den Adenauer als auch den Decksteiner Weiher in ihren Rundweg einbezieht, bietet dem Nordic Walker sowohl den schattigen Wald, als auch immer wieder den Ausblick auf die wunderschön gelegenen Weiher.

An dem Durchgang vom kleinen Parkplatz in Richtung Adenauer Weiher nicht unweit vom *Müngersdorfer Stadion* beginnen wir unseren Walk. Nach knapp 100 m steuern wir geradeaus auf die **Infotafel** „Laufend in Form" zu, die einen Überblick über das Gebiet und seine Walking-bzw. Joggingmöglichkeiten bietet. Wir folgen dem Hauptweg geradeaus und genießen den Ausblick auf den **Adenauer Weiher** zu unserer Linken durch die Bäume. Nach einer **Wegkreuzung** geht es durch eine **Mulde**, an der sich eine Wiese erstreckt; bis wir am Ende des Weges nach einem kleinen Anstieg und ca. 750 m die Dürener Straße erreichen.

Wir überqueren diese und folgen dem Weg durch eine **S-Kurve** bis sich erneut der Blick auf eine schöne Wiese eröffnet, die wir unserem Weg folgend durchqueren bis wir nach gut 1,2 km und einem leichten Anstieg die **Bahnschienen** erreichen. Hinter den Schienen, die wir achtsam überquert haben, bieten sich uns zwei aufeinander folgende **Gabelungen**, wo wir erst den rechten und kurz dahinter den linken Weg weitergehen. Diesem kleinen Pfad folgend, queren wir die **Bachemer Landstraße** und kommen knapp 300 m später auf eine freiere Fläche – links eine **Wiese** mit Blick bis zum *Haus am See*, rechts Wald. Wir walken knapp 500 m immer weiter geradeaus bis wir die **Gleueler Straße** s-förmig an uns vorbei führen sehen. Ca. 50 m vorher kreuzt ein **schmaler Pfad**, über den wir uns links in den Wald schlagen, um nach 100 m einen kurzen aber steilen **Anstieg** zu passieren.

Oben angekommen geht es wahlweise links oder rechts. Wir nehmen den Weg rechts, sehen links von uns eine Wiese mit dem **Kanal** und nehmen nach 150 m einen kleinen Pfad links hinab auf einen breiteren Schotterweg. Nach mittlerweile 2,5 km unserer Tour folgen wir dem Weg rechts, queren die **Gleueler Straße** und walken immer weiter geradeaus, bis wir nach knapp 3,5 km auf die **Ausbuchtung** des *Decksteiner Weihers* stoßen. Diesem folgen wir zuerst rechts dann links am Ufer entgegen des Uhrzeigersinns; gehen ein längeres Stück geradeaus bis nach einem weiteren **Rechts-Links-Knick** nach knapp 4 km das Ende des Sees erreicht ist. Wir orientieren uns weiterhin links am See, kommen zunächst an ein paar Schatten spendenden Bäumen vorbei, anschließend auf eine offene Wiese und biegen mit Blick auf das **FC-Heim** am Ende links in die schöne **Allee** aus Bäumen ein.

Den tollen Ausblick auf den See genießend, folgen wir automatisch dem **Rechtsknick** am Weiher und nehmen nach gut 200 m die 2. Möglichkeit links abzuzweigen wahr. Dieser zweite etwas schattigere und ruhigere Weg führt parallel am Wasser entlang. Die Nähe zum Wald ist insbesondere an heißen Tagen sehr angenehm. Dabei genießen wir das Vogelgezwitscher und den Blick durch die Bäume auf den Weiher. Nach insgesamt ca. 5 km kreuzt ein Weg und nach weiteren 600 m gelangen wir an eine **Straße**, die wir aufmerksam überqueren. Wir folgen dem Schotterweg weiter, kommen an prächtigen Bäumen und Feldern vorbei bis der

Weg mit Blick auf das *Haus am See* nach gut 6 km an den 3 Bänken am See endet.

Des Weiteren gibt es immer wieder Bänke am Wegesrand, die zum Ausruhen und Entspannen einladen. Entsprechend unserer Weiherumrundung wenden wir uns rechts und nehmen den ersten Weg links, dem wir geradeaus folgen und somit schräg den 2.Weg überqueren bis wir auf einen größeren Weg am Rande eines **Fußballplatzes** stoßen. Dort geht es links den breiten unter Bäumen verlaufenden Weg entlang. Wir kreuzen nach ca. 100 m den Weg, der zum *Haus am See* führt, nach weiteren 100 m den, der zum **Parkplatz** führt. Wiederum 100 m weiter überqueren wir hinter einer **Schranke** die **Bachemer Landstraße**. Rechter Hand liegt ein **Tennisclub**. Wir folgen dem Weg geradeaus – links liegt ein freies Feld, rechts hört man das monotone Geräusch der Tennisbälle von den nahe liegenden Tennisplätzen – bis wir nach 6,8 km einen **Bahnübergang** erreichen, die Schienen vorsichtig queren, den schmalen von Brennnesseln gesäumten Weg geradeaus weiter walken und nach 7,1 km eine Straße erreichen.

Auf der anderen Seite der Straße nehmen wir nach ca. 200 m die 2. Möglichkeit links (> 90°) wahr und queren auf diesem schmalen Weg einen weiteren, bis wir nach 7,5 km auf einen von Bänken und Bäumen umsäumten **schattigen Platz** treffen. Wir folgen dem dominanten Weg schräg links (2.Weg links), der eine kurze Strecke leicht ansteigt, queren einen asphaltierten Weg und folgen unserem durch einen **Linksknick**, um 50 m weiter – nach knapp 8 km – rechts zum *Adenauer Weiher* zu gelangen.

Rechtsherum am See entlang kommen wir mit Blick auf das *Müngersdorfer Stadion* an einigen Bänken vorbei und schließlich an eine kleine **Brücke**, an der sich ein abgezäuntes Schwanennest im Wasser befindet. Zu der Zeit, wenn der Entennachwuchs da ist, ist der Adenauer Weiher ein Highlight für Jung und Alt. In einer starken **Kurve** gibt es mehrere Gelegenheiten rechts hoch auf den großen Weg und zum Parkplatz zu kommen. Diesen erreichen wir nach gut 8,5 km und mit vielen schönen Eindrücken.

2

Rund um den Decksteiner Weiher

START Parkplatz an der Berrenrather Straße (kurz hinter der AB-Brücke)

km 6 km/60 min

▲▲ Nicht nennenswert

S Mittel

🏃 Ruhige Tour auf Parkwegen; auch im Winter gut zu laufen

JZ Zu jeder Jahreszeit hat die Strecke ihren eigenen, schönen Charakter

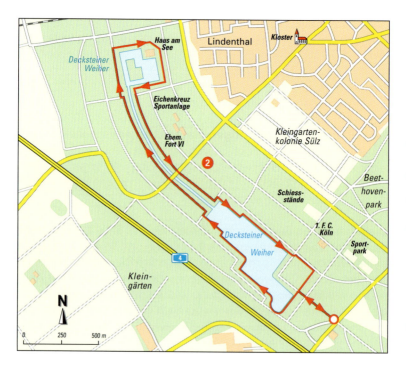

Schwanen-Paar auf dem See

 Über die Berrenrather Straße kommend aus Köln Zentrum oder Hürth

 Buslinie 712 (von Hürth kommend, Haltestelle Bachstraße) und 978 (aus Köln kommend, Haltestelle Berrenrather Straße), in beiden Fällen ca. 400 m stadteinwärts unter der AB-Brücke durch

 Parkplatz an der Berrenrather Straße

 Geißbockheim, Cluballee 1–3, 50937 Köln-Sülz,
Tel. 02 21/43 35 36
Haus am See, Bachemer Landstraße 420, 50935 Köln-Lindenthal, Öffnungszeiten: tägl. ab 10.00 Uhr–Ende offen,
Tel. 02 21/4 30 92 60

Dieser Teil des Äußeren Grüngürtel Kölns ist ein idealer Treffpunkt für alle, die trotz Stadtnähe ein wenig frische Luft im Grünen schnappen wollen. Spaziergänger, Walker, Radfahrer und immer häufiger Nordic Walker sind hier anzutreffen. Die Nähe zur *Sporthochschule* sowie die mittlerweile zahlreichen Vereine machen den *Decksteiner Weiher* zu einem Eldorado für Freizeitsportler. Die umliegenden Wiesen laden sowohl zum Fußballspielen als auch zum Picknicken ein.

Wir starten unseren Rundweg am Parkplatz *Berrenrather Straße*, der nach ca. 300m am See mündet. Lässt man den Blick zur rechten Seite schweifen, so erfährt man schon auf den ersten Metern den Freizeitwert dieser Tour. Bei schönem Wetter ist die **Wiese** gut bevölkert mit „Kickern" und „Picknickkörben". Am See angekommen sollten wir zuerst den traumhaften Blick durch die **Allee** aus Bäumen genießen, bevor wir die Umrundung des Sees starten. Im Uhrzeigersinn beginnen wir unseren Nordic Walking Parcours, so dass wir uns vom Parkplatz aus kommend links orientieren. Die Strecke führt zuerst an einer **Wiese** vorbei, die sowohl Parkbänke zum verweilen bietet, als auch von Sonnenhungrigen als Liegewiese benutzt wird.

Nach ca. 600 m gabelt sich der Weg, wobei wir uns rechts halten und weiter dem **Ufer** des Sees folgen. Noch zwei weitere Male bieten sich Möglichkeiten Parallelwege zum See zu nutzen, die wir jedoch im wahrsten Sinne des Wortes „links liegen lassen", um dem Weg in unmittelbarer **Seenähe** zu folgen. Wir walken den Weg am Wasser entlang und haben nun bald den ersten Kilometer absolviert. Links den Blick auf das nahe gelegene Waldstück, rechts auf den See, erreichen wir nach 1500 m die **kastaniengesäumte Allee** parallel zur **Regattastrecke**. Dieser ca. 1 km lange schattige und sehr breite Weg wird nach der knappen Hälfte von der *Gleueler Straße* unterbrochen. Linker Hand befindet sich eine große **Wiese**, auf der im 2. Abschnitt einige riesige Baumstämme liegen, die Kinder zum Spielen und Sportler zum Dehnen animieren.

Info Prinzipien für ein wirkungsvolles Dehnen: Langsam und kontrolliert dehnen. Durch Betonung von Ausatmung und Atempause die Dehnung unterstützen (Hauptentspannungsphase). Mind. 15–20 sec die Dehnung aufrechterhalten. Keine verletzten Muskeln dehnen. Beide Körperseiten dehnen. Regelmäßiges Dehnen.

Des Weiteren gibt es immer wieder Bänke am Wegesrand, die zum Verweilen und Beobachten der Schwäne einladen. Nach ca. 2,5 km enden sowohl der Kastanienweg als auch die Regattabahn und es eröffnet sich uns ein schöner Ausblick auf eine kleine begrünte **Insel** inmitten des Sees. Wir folgen dem Weg entlang des Wassers, walken an einer **Wiese** mit Blick auf einen kleinen Hügel vorbei und gelangen nach ca. 2,8 km an das Ende des Sees. An der **Wegkreuzung**, die sich im Schatten der Bäume befindet, gehen wir rechts und nach kurzer Zeit erblicken wir rechter Hand das beliebte Ausflugsziel *Haus am See*, und den **Bootsverleih**.

Info Bootsverleih + Kiosk: Geöffnet am Wochenende von 10.00–20.00 Uhr, Mo-Fr von 13.00–18.00 Uhr; je nach Wetterlage

Nach ca. 3 km, und etwa der Hälfte der geplanten Tour, erreichen wir den **Parkplatz** am *Haus am See*, den wir schräg rechts überqueren und zwischen **Minigolfanlage** und Café den 2. Teil der Strecke in Angriff nehmen. Geradeaus erfolgt ein minimaler **Anstieg**, der schnell überwunden ist und wieder links vom See endet. Nach einigen Metern können wir zwischen drei kleinen **Abzweigungen** nach rechts wählen, die allesamt in den Hauptweg münden, der ein letztes Mal den Blick auf das *Haus am See*, freigibt. Wir gehen weiter an den drei Bänken, die sich zu unserer Rechten befinden, vorbei und steuern erneut auf die **Regattabahn** zu.

Nach gut 3,5 km biegen wir nach links in die **Kastanienallee** ein, die kurz vor der Überquerung der **Gleueler Straße** eine kleine Erholung in Form eines **Bootsstegs** parat hält. Nachdem wir die Straße überquert und den Walk unter den Kastanien genossen haben, eröffnet sich nach 4,5 km am Ende der Allee, der Blick auf den **See**. An der **Gabelung** folgen wir dem Weg direkt am See durch eine kleine Mulde, bevor wir nach einer weiteren **S-Kurve** wieder an die breiteste Stelle des Sees gelangen. Dieser Teil hat sich als ideales Gewässer für ferngesteuerte Boote erwiesen.

Links sehen wir ein **künstlerisches Werk**, bevor wir an einer schattigen Stelle an eine Wegeskreuzung gelangen, dem Weg geradeaus folgen und somit nach gut 5 km zum ersten Mal für kurze Zeit den seenahen Weg verlassen und an die Wirkungsstätte des **1.FC Köln** gelangen. Dem Weg, vorbei an den **Rasenplätzen**, folgend biegen wir hinter dem Feld rechts in den Pfad, der uns zurück zum **See** führt. Vorbei an den **Grünflächen**, die für Jedermann zum Fußballspielen einladen, geht es am See angekommen links bis zum Ende des *Decksteiner Weihers* und von dort geradeaus weiter zurück in Richtung Ausgangspunkt. Nach knapp 6 km erreichen wir nach einer schönen Tour am See entlang den **Parkplatz**.

3

Über „breite" Wege und „dünne" Pfade im Dünnwald

START Infotafel am Waldbeginn auf dem Weg neben der Endhaltestelle der S4 auf Höhe des P&R Parkplatzes

km 6,5 km/60 min

Nicht nennenswert

S Mittel

Fast ausschließlich breitere Waldwege bzw. schmale Pfade

Weitblick im Dünnwald

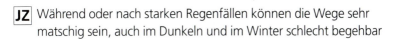 Während oder nach starken Regenfällen können die Wege sehr matschig sein, auch im Dunkeln und im Winter schlecht begehbar

 Übergang von der Mühlheimer Straße in die Berliner Straße nicht weit von der A 3 AS Leverkusen

Endhaltestelle der S4 sowie Buslinie 260 von beiden Seiten her kommend

P Parkplätze entlang der Mühlheimer Straße

Unsere heutige Tour führt uns durch ein schönes Waldgebiet, in dem lange breite Wege und schmale Pfade sich abwechseln. An kleinen Bächen vorbei, dem Vogelgezwitscher lauschend, treffen wir immer wieder auf den umliegenden Reitwegen auf Reiter mit ihren Pferden.

So ziemlich an der Stadtgrenze von Köln und Leverkusen geht es in den Wald, wo wir unsere heutige Tour an der **Infotafel** starten.

Es geht geradeaus in den Wald noch ca. 300 m unmittelbar rechts neben den Häusern entlang bis der Weg schräg rechts ab führt und wir nach 450 m an einer **Wetterschutzhütte** rechts in einen ebenfalls sehr breiten Weg einbiegen. Diesem folgend, geht es leicht bergab, immer

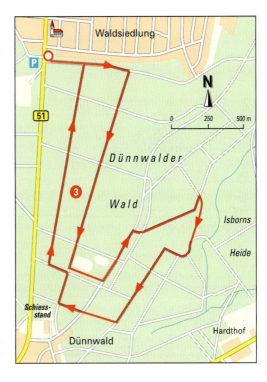

geradeaus an kleineren und größeren kreuzenden Wegen vorbei. Wenn wir an einer weiteren **Wetterschutzhütte** vorbeikommen, haben wir bereits 1,25 km zurückgelegt.

Gut einen halben Kilometer später erreichen wir die **Sportanlage Dünnwald** zu unserer Linken. Wir umrunden diese, indem wir ca. 50 m hinter den Plätzen links in einen schmalen Pfad einbiegen, dem wir ca. 200 m folgen, bis wir am Ende auf einen breiten Weg stoßen (2 km). Dort halten wir uns links und folgen diesem 500 m, bis wir links am Wegesrand eine **Wetterschutzhütte** erblicken.

Info 1912 wurde der Eingemeindungsvertrag Dünnwalds mit der Stadt Köln unterschrieben

Unmittelbar dahinter biegen wir rechts in den Weg ein, dessen Linkskurve wir folgen und uns neben einem schmalen **Bach** herbewegen. Hier ist es wirklich sehr idyllisch, da die meisten Jogger, Walker oder Spaziergänger sich auf den großen Wegen tummeln. Am Ende des schmalen Pfades queren wir einen **Reitweg** und erreichen wenige Meter darauf – bei Kilometer 3 – einen Hauptweg, der uns die Möglichkeit gibt uns rechts leicht bergab zu bewegen. Vor einer Rechtskurve kommen wir über einen schmalen **Bachlauf** und folgen dem Weg parallel zum **Reitweg**.

Info In den umliegenden Wäldern sind heute noch Bombentrichter aus dem 2.Weltkrieg zu sehen.

An der **Gabelung** nach 300 m walken wir auf dem Weg weiter geradeaus. Zuerst durch eine Rechtskurve, dann an einer **Wetterschutzhütte** vorbei und kurz darauf einem Linksknick folgend, queren wir einen **Reiterweg**. Nach 4,25 km wenden wir uns an einer großen Kreuzung nach rechts und walken leicht bergab durch eine Linkskurve, queren einen größeren Weg – links liegt ein **Sportplatz** – und blicken auf die Straße am Ende unseres Weges.

Wir nehmen den nächsten großen Weg nach rechts und ca. 200 m weiter kurz vor dem uns bekannten **Sportplatz** links. 100 m weiter folgen wir dem Hauptweg nach rechts und gehen immer weiter geradeaus, bis wir nach nun mehr 6,3 km am Ende des Weges die **Häuser** erreichen. Die letzten 200 m unserer Tour geht es dann links zurück zur Ausgangsposition der **Infotafel**.

Forstbotanischer Garten – Friedenswäldchen und ein kleiner Exkurs in den Finkens Garten

START Schild „Lauftreff" am Parkplatz

km 3,3 km/35 min (+ individuelle Verlängerung im Finkens Garten ~2 km)

Nicht nennenswert

S Leicht – sehr gut als Familienroute geeignet

Wald- und Schotterwege

JZ Strecke ist nicht abhängig von der Jahreszeit

Über den Militärring kommend stadtauswärts der Straße Zum Forstbotanischen Garten folgend bis zur Kreuzung Schillingsrotter Straße

Buslinie 135 Schillingsrotter Straße (ca. 30 m bis zur Kreuzung und der Straße bis rechts auf den Parkplatz folgen)

P Parkplatz an der Ecke Zum Forstbotanischen Garten/Schillingsrotter Straße

Diese zwar kleine, aber insbesondere im letzten Abschnitt sehr schöne Tour lässt die Herzen der botanischen Freunde höher schlagen. Auf unserer Tour sehen wir schöne und besondere Bäume mit Hinweisen bezüglich deren Stammländer, z. B. Kolumbien oder Nicaragua, auf kleinen Tafeln. Des Weiteren laden die Wiesen groß und klein zum Relaxen, Fußballspielen oder Picknicken ein.

Wir starten unsere Walkingtour rechts von dem **Schild** „Lauftreff" (rechte Ecke des Parkplatzes) und folgen dem Weg zuerst durch den

schönen Baumbestand bis wir nach ca. 300 m an eine **Gabelung** kommen. Vor der Bank halten wir uns rechts und folgen weiter dem Umrundungsweg des Forstbotanischen Gartens zunächst an einer **Umzäunung** entlang. Nach weiteren ca. 250 m kommen wir an eine **Gabelung**, an der wir uns erneut rechts halten. Nach weiteren knapp 100 m wieder rechts, bevor wir an einer **Laterne** links abbiegen und dem äußeren Hauptweg folgen.

Es begegnen uns insbesondere bei schönem Wetter viele Jogger, Walker und natürlich Nordic Walker, die den Schatten spendenden Mischwald zu schätzen wissen. Nach weiteren ca. 500 m, die wir durch eine **Mulde** walken, erreichen wir zu unserer linken Seite den Eingang zum eigentlichen **Forstbotanischen Garten**, der für Hunde und Radfahrer nicht zugänglich ist. Möchte man den Forstbotanischen Garten begehen sollte man die Uhrzeit im Auge behalten, da die Tore je nach Jahreszeit zwischen 16 und 20 Uhr schließen. Wir lassen den Forstbotanischen Garten jedoch links liegen und laufen dem äußeren Weg immer weiter folgend geradeaus leicht bergab.

Nach ca. 350 m kommen wir zu einer dominanten **Weggabelung** – geradeaus geht es in Richtung Straße – wir jedoch folgen links weiter dem schattigen Weg. Gut 200 m später kreuzen wir einen Weg und halten uns an der nächsten **Gabelung**, nach mittlerweile knapp

2 km, links und folgen weiter dem Waldweg. Nach ca. 350 m taucht vor uns eine große **Wiese** auf. Im Hintergrund lässt sich ein großes helles **Wohngebäude** erkennen. Dem rechten Weg folgend führt er uns zuerst durch eine **Linkskurve**, dann geradeaus an **Parkbänken**, die den Erholungssuchenden zur Verfügung stehen, vorbei, bis wir nach ca. 350 m an einen **Querweg** kommen, wo wir, statt rechts in den Wald zu biegen, links mit Blick auf die herrliche **Parklandschaft** weiter walken – immer bogenförmig entgegen dem Uhrzeigersinn. Nach ca. 130 m kommen wir erneut an einen **Querweg**, dem wir diesmal rechts folgen und umlaufen in einem Bogen einen schön angelegten großen **Sandspielplatz**. Dem breiten Kiesweg geradeaus folgend erreichen wir nach weiteren ca. 550 m unseren Ausgangspunkt, den **Parkplatz** bzw. die nahe gelegene Bushaltestelle der Linie 135.

An der Ampelkreuzung *Schillingrötter Straße/Zum Forstbotanischen Garten* starten wir noch einen kleinen Exkurs in den sehr informativen und schönen **Finkens Garten**. Auf der anderen Straßenseite angekommen wenden wir uns ein kurzes Stück rechts, bevor es von der *Schillingrötter Straße* aus links durch ein **Tor** in eine **Kleingartenanlage** geht. Wir folgen dem z-förmigen Weg durch die Anlage ca. 600 m, bevor wir diese nach rechts verlassen.

Info Der Finken Garten ist von Montag bis Freitag für Kindergärten und Schulen geöffnet und bietet auf dem fünf Hektar großen Gelände eine Vielzahl erholsamer und lehrreicher Freizeitmöglichkeiten. In dem Naturerlebnisgarten werden besonders für die kleinen Besucher viele Pflanzen kultiviert, die in Deutschland wenig bekannt sind. Riechen, schmecken und tasten – die Sinne einsetzen und auf diese Weise die Natur erleben. Über 110 Vogel-, 74 Zikaden-, 447 Käfer- sowie 148 Schmetterlingsarten fühlen sich im Finkens Garten das ganze Jahr über wohl.

Rechterhand liegt ein **Bienenhaus**, von dem aus wir dem Hauptweg an gut beschriebenen Pflanzen und Bäumen vorbei ca. 350 m folgen. Die kleinen Querwege stellen lohnenswerte Abstecher dar. Nach einem sehr schönen und informativen Exkurs treffen wir nach individuell gut 2 km wieder am **Ausgangspunkt** ein.

Info Finkens Garten, Friedrich-Ebert-Str 49, 50996 Köln-Rodenkirchen, 02 21/2 85 73 64, Servicetelefon: 07.30–08.30 Uhr, Öffnungszeiten: ganzjährig Sa–So sowie an Feiertagen von 09.00–18.00 Uhr.

Kleine und große Runde um den Fühlinger See

START Parkplatz P1 an der Oranjenhofstraße

km 6 km/60 min bzw. 13 km/130 min

Nicht nennenswert

S Mittel bzw. schwer

2 schöne Touren in der multifunktionellen Sport- und Erholungsanlage am Fühlinger See auf Schotter- und Asphaltwegen

JZ Im Sommer insbesondere bei gutem Wetter werden bis zu 100.000 Besucher an einem Wochenende erwartet, im Winter ruhiger und gut zu gehen

Ab A 1 Ausfahrt Köln-Niehl ausgeschildert oder über die Neusser Landstraße und Oranjehofstraße kommend

Buslinien 120 und 121 fahren 3 Seiten des Sees ab, so dass die Route von verschiedenen Stellen aus angegangen werden kann

P Parkplatz P1 an der Oranjenhofsraße (am Wochenende und an Feiertagen gebührenpflichtig)

Olly's Biergarten an P2, Oranjehof 105, 50769 Köln-Fühlingen, Öffnungszeiten: von April–Oktober bei schönem Wetter, Tel. 02 21/7 00 52 88

Jede Menge Möglichkeit für alle Arten an Freizeitaktivitäten bietet die Multifunktionsanlage des Fühlinger Sees – Nordic Walken, Joggen, Walken, Baden, Inlinen, Radfahren, Angeln, Surfen, Tauchen u.v.m., wobei die einen sich durch sportliche Aktivität das abtrainieren, was andere sich auf den Wiesen oder den Biergärten in flüssiger oder fester Form an Kalorien zuführen.

Vom Parkplatz **P1** aus starten wir neben dem **DLRG-Häuschen** über die Wiese bis zum Weg an der **Regattabahn**. Im Uhrzeigersinn beginnen wir mit der Umrundung, die uns über eine Strecke von ca. 2 km immer geradeaus führt. Rechterhand liegen auf der anderen Seite des Ufers die **Fordwerke**. Nach 450 m erreichen wir leicht bergauf walkend eine **Brücke**, die die Regattastrecke mit **See 5** dem Freibad verbindet. Genau 1 km nach Start erreichen wir erneut eine Brücke, die über den Zufluss von **See 3**, dem Bootsee führt. Zwischenzeitlich kommt es vor, dass man von einem Ruderer überholt wird oder aber – bei gutem Wetter – an gemütlich im Gras liegenden Individuen vorbeiwalkt.

Ca. 400 m später führt uns der asphaltierte Weg zuerst unter einer **Brücke** durch bevor wir kurz darauf an die **Überbrückung** zum Anglersee gelangen. Wir erreichen nach einer **S-Kurve** und gut 2 km die **Brücke**, die über den letzten Teilabschnitt der Regattabahn führt. An deren Ende halten wir uns zunächst rechts, bevor wir uns kurz darauf an der **Gabelung** links für den **Schotterweg** entscheiden, der nach insgesamt gut 4 km nach einer **Linkskurve** auf den **See 7**, den Surfsee stößt. Unsere Umrundung erfolgt vorbei an Liegewiesen zu unserer Linken mit Blick nach rechts auf das DLRG-Gebäude weiterhin im Uhrzeigersinn bis wir nach 5,3 km unter einer **Brücke** herkommen. Von dort aus geht es über den Schotterweg weiter um **See 6**.

Linker Hand liegt nach ein paar hundert Metern auf einer Erhöhung *Ollie's Biergarten*, der bei gutem Wetter zur Stärkung einlädt. Wir folgen jedoch weiter dem Weg und erreichen nach einem leichten **Anstieg** und knapp 6 km eine **Wegkreuzung**. Hier müssen wir uns entscheiden, ob wir die Runde beenden und den Weg rechts über die **Brücke** nehmen und an der Gabelung links/geradeaus zurück zum **Parkplatz** walken oder ob wir die Tour fortsetzen.

Wenn wir uns für die große Tour entscheiden, nehmen wir die Route geradeaus weiter auf, wo es nach gut 350 m automatisch links den Weg hinaufgeht und wir oben angekommen, rechts das *Frei-*

bad Fühlingen umrunden. Dem schattigen Asphaltweg folgend kommen wir am *Café und Restaurant Seepavillon* vorbei, welches mit diversen Waffeln zur Einkehr lockt. An der **Gabelung** folgen wir dem asphaltierten Weg geradeaus, der uns nach einem Stück bergab bei Kilometer 7 wieder zum **See** führt. Weiter nach links folgen wir dem Schotterweg bis zu einer **Gabelung**, an der wir uns weiter rechts am See halten, um direkt an der nächsten **Wegscheide** links (rechts Brücke) um den Bootsee weiterzugehen. Nach knapp 8 km stoßen wir auf die **Regattabahn**, an der wir uns links halten, um dem uns bekannten asphaltierten Weg ca. 200 m zu folgen bevor wir den **Schotterweg** zwischen **Unterführung** und **Brücke** nehmen.

░░░░ Der Bewegungsapparat wird beim Nordic Walken um bis zu 30 % entlastet!

Wir umrunden den **See 2**, stoßen nach 8,6 km auf einen Weg, den wir überqueren, um nun auch noch den letzten **See 1** in unsere Umrundung aufzunehmen. Diesem Rundweg folgen wir, bis wir nach 9,5 km wieder auf das Ende der **Regattabahn** stoßen. Hier halten wir uns links und nehmen an der Gabelung dieses Mal den asphaltierten Weg geradeaus unter der **Brücke** her bis wir nach gut 11 km an eine mit **Felsen** markierte **Gabelung** kommen, an der wir links den See umrunden. Kurz vor Ende der Umrundung, noch vor der Brücke, gehen wir an der **Gabelung** links bergauf, bis wir oben angekommen, oben rechts nach knapp 13 km zurück zum **Parkplatz** kommen.

Info Variationen des Nordic Walkens durch Veränderung von Intensität, Dynamik, Tempo, Frequenz, Bewegungsumfang oder Geländewahl.

Regattabahn am Fühlinger See

Hürther Waldsee

START Parkplatz P3

km 6 km/60 min

▲▲ Nicht nennenswert

S Leicht

🦶 Schöne Sand-/Kieswege und asphaltierte Wege um den Hürther Waldsee

JZ Zu jeder Jahreszeit sehr schön

🚗 Von der Kreuzung Efferener Straße/Frechener Straße der Beschilderung zum Otto-Maigler See folgen

🚌 Buslinie 711, Haltestelle Zur Gotteshülfe, ca. 150 m bergauf und geradeaus geht es zum P3

P Parkplatz P3

Durch Rekultivierung des 1983 geschlossenen Tagebaus Theresia entstand das einmalige Wald- und Seengelände rund um den Hürther Waldsee. Der, in der Nähe des *Kloster Burbach* gelegenen Sees, beheimatet eine Vielzahl von Tieren und Pflanzen. Seit 1988 steht das Gebiet unter Naturschutz und bietet den Freizeitsportlern ein landschaftlich reizvolles Areal.

Von **P3** aus starten wir oberhalb des *Otto-Maigler-Sees* links durch den von Bäumen eingerahmten Weg, vorbei am **Ruderverein**, bis wir nach 300 m an eine **Weggabelung** gelangen. Dort walken wir links weiter auf erdig-sandigem Untergrund durch die Buschlandschaft, bis wir nach 200 m an eine weitere **Abzweigung** kommen, die rechts zum *Kloster Burbach* führt. Wir jedoch laufen links am grünen Schild *Naturschutzgebiet* vorbei leicht bergab über eine kleine **Holzbrücke** und dann links den etwas breiteren Weg weiter.

Es begegnen uns Nordic Walker, Läufer und Spaziergänger. Links und rechts sind wir von schönem hohen Baum- und Buschbestand einge-rahmt. Da wir in einem Naturschutzgebiet unterwegs sind, hören wir die unterschiedlichsten, aber wunderschönen Vogelstimmen, jeder Ornithologe wäre begeistert. Nach 180 m geht es links vom Natur-schutz-**Schild** weiter, bis wir nach 300 m in einer leicht bergan füh-renden **Kurve** auf eine schmale **Teerstraße** kommen. Auf der as-phaltierten Straße walken wir weiter durch das Naturschutzgebiet – linker Hand Getreidefelder, rechts von uns schönes Buschland. Natur pur, trotz des geteerten Weges.

Nach 230 m verlassen wir den **Asphalt** und laufen rechts auf einem **Sand-Kiesweg** weiter. Ca. 70 m später kommen wir an eine **Kreu-zung**, wo wir uns weiter links orientieren. Auf einem langen geraden Stück können wir uns auspowern. Ein **Hochsitz** auf der rechten und eine **Bank** zu unserer linken Seite zeigen uns, dass wir auf dem rich-tigen Weg walken. Nach ca. 370 m beginnt wieder die Teerstraße mit einem **Abzweig** nach rechts, den wir einschlagen. Hinter den Fel-dern können wir auf der rechten Seite das **RWE-Kraftwerk** erken-nen; 750 m weiter taucht vor uns eine **Landstraße** auf, hier laufen wir rechts weiter den asphaltierten Weg in Richtung RWE.

Nach gut 250 m beginnt links von uns der Stadtteil *Alt-Hürth*; wir folgen jedoch rechts weiter dem Weg an den Kornfeldern vorbei. 100 m später beginnt erneut der **Naturweg**, auf dem wir in einem lang gestreckten **Rechtsbogen** weiter laufen, den Abzweig zur lin-ken mit der Sperre „links liegen lassen". Weiter an Getreidefeldern mit Klatschmohn und schönen Feld- und Wiesenblumen vorbei, er-reichen wir nach ca. 600 m links einen **Abzweig** mit einer Schranke, den wir weiter walken. An dem Schild *Naturschutzgebiet* vorbei geht es knapp 600 m – mit Blick auf das in einiger Entfernung liegende *RWE-Werk* – weiter, bis rechts von uns direkt am Wegesrand eine Aussichtsplattform auftaucht, von der aus wir den schönen Blick über das Naturschutzgebiet bis zum *Hürther Waldsee* genießen.

Weiter geht es auf dem Weg bis zur nächsten **Abzweigung** nach ca. 360 m (insgesamt knapp 4 km), wo wir links ein großes **Holzkreuz**

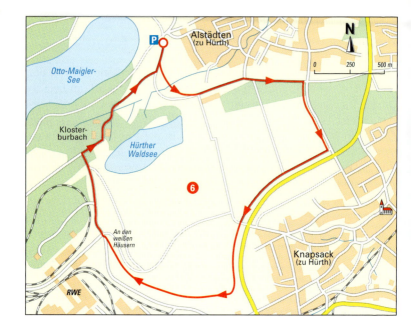

am Wegesrand sehen und rechts weiter durch die schöne Landschaft walken. Nach einer kleinen **Steigung** ist die **Schranke** nach 300 m erreicht, wo wir rechts die asphaltierte Straße in Richtung der **Ausschilderung** „Kloster Burbach" weiterlaufen. In einer **Linkskurve** taucht nach ca. 350 m das „Kloster Burbach", bzw. die übrig gebliebenen Reste des ehemaligen Klosters, auf.

Info Hier stand bis zum 19.Jahrhundert das 1233 gegründete Zisterzienserinnen-Kloster Marienborn (ad fontem Sanctae Mariae). Erhalten ist jedoch nur noch das ehem. Äbtissinnenhaus, welches später als Forsthaus genutzt wurde.

Wir laufen, bevor links am Kloster die Straße abbiegt, geradeaus weiter an einem großen **Stein** – der als Absperrung für die Autos gilt – geradeaus. Dieser Weg führt uns an einem links liegenden **Hochspannungsmasten** vorbei durch schönes Buschgebiet. Nach 500 m gelangen wir wieder zum Ausgangspunkt des Rundkurses, lassen rechts den **Brückenweg** liegen und walken geradeaus weiter durch eine leichte **Rechtsbiegung** zurück zu unserem **Startplatz**, wo unser Rundweg nach weiteren gut 500 m nach insgesamt knapp 6 km endet.

Kneipp-Becken im Königsforst (zu Tour 7)

Kneippen im Königsforst

START Parkplatz an der Forsbacher Straße

km 7 km/70 min

▲ 48,21 m

S Mittel

⛰ Überwiegend Wald- und Schotterwege

JZ Das ganze Jahr über schön, bei Regen matschig

🚗 AB Ausfahrt Königsforst, Endhaltestelle der S9 über die Kreuzung Mauspfad/Rösrather Straße hinter dem Kiosk Wimmer's Spezialitäten in die Forsbacher Straße einbiegen, der Straße folgen bis zum Parkplatz

🚆 Endhaltestelle der S9, Königsforst

P Parkplatz an der Forsbacher Straße

Rösrath, Köln und Bergisch Gladbach haben Anteil an dem ausgedehnten Waldgebiet im so genannten rheinischen Dreiländereck. Viele Mythen und Geschichten ranken sich um diesen Staatsforst.

Am Beginn des Forstweges in den Wald starten wir vorbei an einer **Pferdekoppel** unsere Erlebnistour zum Kneippbecken. Der leicht bergan führende breite Schotterweg führt uns an Picknickbänken vorbei nach 400 m zur ersten großen Kreuzung mit einer **Schutzhütte**.

Ein kleiner **Waldlehrpfad**, der uns heimische Bäume wie die Hainbuche näher bringt, startet recht vorbei an der Hütte. Wir folgen dem Pfad bis wir nach 200 m an eine **Gabelung** kommen, an der wir links weiter walken. Diese herrliche Strecke mit ihrem schmalen Pfad sollten wir mit allen Sinnen genießen und die Informationen am Wegesrand aufnehmen. 300 m später kommen wir an eine **Wegkreuzung** mit einer Bank, überqueren den Weg und walken geradeaus solange weiter bis wir nach einer weiteren Kreuzung am Ende nach 1,7 km auf eine kleine **T-Kreuzung** stoßen, an der wir uns nach links wenden.

An der 1. Kreuzung, ziemlich genau nach 2 km, gehen wir rechts und überqueren auf dem breiten Hauptweg nach weiteren 500 m eine große Wegkreuzung mit einer **Schutzhütte**. Nach einer Linkskurve erreichen wir auf unserem Weg nach insgesamt 3,2 km die seltsame und seltene Kombination aus **Kneipp-Becken** und Glühweinhütte und des Weiteren auch die Stadtgrenze Kölns. Insbesondere im Sommer stellt die Kneipp-Anlage eine wohltuende Erfrischung dar.

Info Wasseranwendungen in Form von Güssen, Bädern oder Waschungen dienen zur Abhärtung des Körpers und trainieren die Blutgefäße. Der Stoffwechsel wird angekurbelt und man verbessert sein Wohlbefinden. Der 1821 geborene Pfarrer Sebastian Kneipp entwickelte dieses Heilverfahren aufgrund eigener jahrelanger körperlicher Beschwerden.

Links vor der Hütte führt uns der Weg leicht bergan weiter durch den Wald, bis wir nach ca. 800 m eine große **Wegkreuzung** erreichen, an der wir uns links leicht bergab wenden. 500 m später erreichen wir an einer **Schutzhütte** den asphaltierten *Rennweg*, dem wir links folgen. Auf diesem Hauptweg walken wir, bis wir nach insgesamt 5 km die uns bekannte Kreuzung mit der **Schutzhütte** erreichen und dort der *Forsbacher Straße* leicht bergab gut 1,5 km folgen.

Am Ende vereinigt sich unser Weg mit einem weiteren von rechts kommenden und führt uns zur 1. **Schutzhütte** zurück. Geradeaus walken wir weiter wieder an der Pferdekoppel vorbei, bis wir nach ziemlich genau 7 km den Parkplatz und gleichsam den Ausgangspunkt unserer Tour erreichen.

Die drei Säulen der Fitness sind Bewegung, Ernährung und Entspannung

Je 500 m sollte man von der Endhaltestelle bzw. dem Park & Ride einplanen.

Mühlheimer Hafen und Rheinpark

START Parkplatz rechtsrheinisch unter der Zoobrücke

km 5,4 km/60 min

Nicht nennenswert

S Leicht

Schöne Sand-/Kies- sowie asphaltierte Wege

JZ Zu jeder Jahreszeit ein Erlebnis

Über den Auenweg an der Zoobrücke

Buslinie 150, Haltestelle Thermalbad

P Parkplatz rechtsrheinisch unter der Zoobrücke

Die heutige rechtsrheinische Tour bringt allerhand Abwechslung. Parklandschaft (Jugend- und Rheinpark), der Mühlheimer Hafen, der Tanzbrunnen, schöne Wiesen und herrliche Blumenbeete. Nicht zu vergessen der Dom und die Brücken, die von dieser Seite gut zu sehen sind.

Vom Parkplatz bzw. der Zoobrücke aus walken wir vom Rhein weg und überqueren den *Auenweg*, neben dem wir auf einen **Rad-/ Fußgängerweg** gelangen. Auf diesem Weg wenden wir uns links und folgen parallel der Straße unter der **Brücke** hindurch. Nach ca. 1000 m queren wir die nach rechts abknickende Straße und folgen dem Weg mit dem **Schild** „Durchfahrt nur für Radfahrer". Am *Mühlheimer Hafen* vorbeiwalkend, erreichen wir nach gut 400 m die **Fußgängerbrücke**, welche den Mühlheimer Hafen überspannt, die wir als Überweg benutzen, um ans Rheinufer zu gelangen.

Hinter der Fußgängerbrücke walken wir einen **Abzweig** schräg rechts abwärts zum **Rheinuferweg**. Nach einem kurzen steilen Schrägstück laufen wir links rheinaufwärts weiter direkt am Rhein. Schiffe begleiten uns sowie die anderen Walker, Jogger und Radfahrer; wir durchlaufen eine schöne **Parklandschaft**, vorbei an Wiesen und schönen Bäumen. Für kurze Augenblicke verlässt uns der Rhein immer mal wieder einige Meter und wir genießen das Nordic Walken auf dem schönen Untergrund. Der Weg ist sehr reizvoll in großen **Bögen** angelegt, linker Hand passieren wir eine **Minigolfanlage**, vor uns halbrechts durch die Bäume sehen wir die Zoobrücke. Schon nach wenigen Minuten und nach gut 1200 m haben wir die **Brücke** sowie die **Gondeln der Seilbahn**, die über den Rhein führt, über uns.

Wir laufen den rechten äußeren Weg weiter, linker Hand breitet sich eine große **Rheinpark-Wiese** aus. Auf dem breiten asphaltierten Weg treffen wir viele andere Freizeitsportler an, die die Angebotsvielfalt des Rheinparks und der umliegenden Wiesen zu schätzen wissen. Nach 650 m beginnt rechts vom Weg die **Ufermauer**, auf der es sich die Erholungssuchenden bei einem tollen Ausblick auf die Landschaft gut gehen lassen. Im Focus weiterer schöner Eindrücke –

Dom und Hohenzollernbrücke runden das Bild ab – erreichen wir nach gut 300 m die *Rheinterrassen*, ein Ausflugsziel mit gutem Flair und toller Aussicht.

Info

Zwischen dem Mülheimer Hafen und der Hohenzollernbrücke gelegen gilt der Rheinpark in Köln-Deutz als der erste große Erholungspark Kölns nach dem 2.Weltkrieg und ferner als Repräsentationsanlage und stellt das bis dahin fehlende Bindeglied für den Inneren Grüngürtel dar.

Wir walken unter einer **Säulendecke** her, weiter links hoch, wo wir nach knapp 150 m genau vor der **Messe** rauskommen. Hier wenden wir uns nach links und unterqueren das weiße **Zeltdach** des Tanzbrunnens vorbei am Theater, dann rechts um den **Tanzbrunnen** – mit Wassergräben und von schönen Blumenbeeten umgeben – und immer weiter bis wir nach 360 m leicht schräg rechts die **Treppen** hoch laufen und am Ausgang des *Tanzbrunnens* durch das **Tor** hindurch weiter durch den *Rheinpark* walken.

Info

Der Tanzbrunnen im Rheinpark ist derzeit ein wichtiger Veranstaltungsort – Konzerte, Talentshows etc. finden unter seiner einzigartigen Zeltdachkonstruktion statt.

Nun orientieren wir uns rechts und umlaufen einen **Teich** mit Fontäne. Nach 330 weiteren Metern steuern wir auf den **Ausgang** zur Straße zu, laufen jedoch kurz davor scharf links durch den Park, an Teiche sowie schön angelegte Beete vorbei. Den asphaltierten Weg verlassen wir nach knapp 250 m und laufen entgegen dem Uhrzeigersinn auf einem mit **Platten** ausgelegten Weg weiter parallel zu den **Schienen der Parkbahn**.

Links laufend überqueren wir nach 200 m die Gleise und walken dann rechts den Teerweg weiter, wo wir rechterhand ein **Treibhaus** erblicken, etwas weiter linker Hand laden im Kreis angeordnete **Bänke** zum Verweilen ein. Hinter diesen Parkbänken geht es leicht links einen Weg hinauf, dem wir folgen. Vor uns taucht das **Thermalbad** auf. Zuerst laufen wir scharf rechts in Richtung **Seilbahnstation**, anschließend in etwa auf Höhe der Station links runter und queren die Schienen der kleinen **Parkbahn**, wo wir nach insgesamt gut 5 km wieder den Ausgangspunkt, unseren Parkplatz unter der **Zoobrücke** erreichen.

Große Route im Nordpark

START Parkplatz Neusser Landstraße/Ecke Geestemünder Straße

km 11 km/110 min

Nicht nennenswert

S Schwer

Eine Tour rund um die Felder, vorbei an Wiesen und durch die Wälder mit kurzen Anstiegen an den Brücken

JZ Zu jeder Jahreszeit gut walkbar, bei Schnee und Eis Vorsicht auf den Brücken

Über die Neusser Landstraße kommend aus Köln Zentrum oder aus Richtung Dormagen

Buslinie 120 Haltestelle Am Nordpark, unmittelbar in der Nähe des Parkplatzes

P Parkplatz an der Neusser Landstraße/Ecke Geestemünder Straße (stadtauswärts linker Hand)

Im **Kölner Norden** finden wir, mit guter Verkehrsanbindung ein grünes Dreieck bestehend aus Wäldern, Feldern und Wiesen. Zwischen Militärring, Neusser Landstraße und der A 1 werden viele Sportler derart schöne Strecken vielleicht nicht vermuten, aber schon nach wenigen Metern vergisst man den Verkehr und ist inmitten der Natur.

Wir beginnen unsere Tour vom **Parkplatz** auf dem Weg rechter Hand des **Unterstandes**. Auf dem weichen Untergrund des Waldbodens macht das Nordic Walken sofort Spaß. Das leise Zwitschern der Vögel hat mittlerweile die Strassengeräusche vollkommen abgelöst.

Nach ca. 300 m ändert sich der Untergrund in einen **Schotterweg**, der sich in leichten Kurven durch den Wald schlängelt, unterbrochen von offenen Passagen mit schönen Wiesen. Nun gelangen wir an eine **Gabelung**, an der wir uns rechts halten und gut 600 m durch den Mischwald immer geradeaus walken, bevor wir nach 1,1km an eine **Schranke** gelangen, die dortige **Strasse** queren und der Streckenführung geradeaus folgen. Nach 1,5 km endet der lange Streckenabschnitt kurz vor der **Autobahn**, wo wir uns nach links orientieren.

Dem Hauptweg folgend sehen wir, wie links ein **Pfad** wegführt, den wir jedoch nicht nehmen, sondern einen leichten **Anstieg** von ca. 100 m in Angriff nehmen und links dem Weg folgend, bei gutem Wetter die Sonne auf der sich öffnenden Fläche erblicken. Links von uns befindet sich ein **Feld**, welches sich bei öffentlichen Veranstaltungen wie dem „Summer Jam" zum PKW-Parkplatz umfunktionieren lässt. Nach 2 km queren wir eine **Straße**, kommen weiterhin an unterschiedlich bestellten Feldern vorbei; sonnige und schattige Abschnitte wechseln sich bei gutem Wetter ab.

In einer Rechtskurve geht es nach ca. 2,5 km leicht bergab, von wo aus uns ein Ausblick auf die unterschiedliche Landschaft, Feldern vor dem Hintergrund des Waldes, ermöglicht wird. Kurze Zeit später queren wir erneut eine **Straße**, bevor wir den Anstieg der ersten **Brücke** angehen. Nach erfolgreicher Brückenquerung folgen wir an Wald und Feldern vorbei dem Weg geradeaus, bis nach ca. 3 km ein Linksknick kommt und wir kurze Zeit später an einer **T-Kreuzung** den Weg rechts einschlagen. Es geht leicht bergauf und nach einer Linkskurve überqueren wir die **Autobahn**.

Hinter der Brücke nehmen wir die erste Möglichkeit links und kommen an ein paar **Häusern** vorbei, bevor wir automatisch auf einen Fußgänger/Radweg gelangen. Linker Hand liegt nun die Autobahn, der wir jedoch der Wegführung nachkommend bald den Rücken kehren. Nach ca. 4 km geht es erneut über die Autobahn, nach ein paar hundert Metern weiter kehren wir links wieder in den **Wald** zurück. Auf einem Gemisch aus Waldboden und Schotter folgen wir dem Hauptweg solange geradeaus bis dieser in einen **Asphaltweg** mündet.

Dort geht es nach links, 300 m weiter nehmen wir den ersten asphaltierten **Abzweig** nach rechts. Linkerhand liegen nun wieder die

Felder und wir folgen dem Weg erneut kurz in den Wald, queren einen Weg und gelangen zu einer **Wiese**, die zu einer kurzen Verschnaufpause einlädt. Am Ende dieses grünen Abschnitts treffen wir auf einen **Baum**, umrahmt von einer kleinen dreieckigen Rasenfläche, steuern links, wo es über einen welligen Schotterweg geht und nach ca. 5,5 km linker Hand wieder ein **Feld** erscheint.

Am Ende dieses Feldes geht es für einen kurzen Moment in kurvigen Zügen durch den **Wald**, bevor wir auf ein **Feld** zusteuern. Dort gehen wir rechts und wieder über die **Brücke**. Nach gut 6 km, am Ende der Brücke, folgen wir der querenden Straße nach

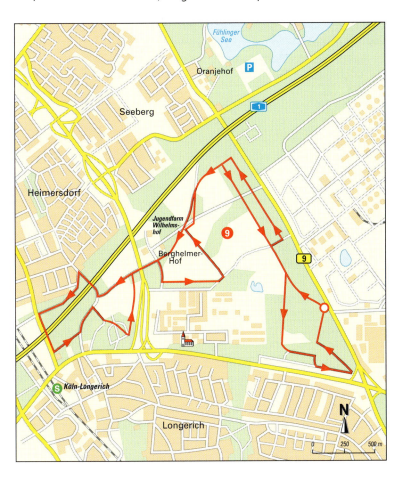

rechts, gehen bis zum Ende des **Feldes** und folgen diesem dann weiter nach links, weiter am Feld entlang und am Ende erneut links, so dass wir auch die dritte Seite dieses Ackers kennen lernen. Nun sind wir von der **Landwirtschaft** umgeben und können rechts vom Weg je nach Wetter und Saison die Kühe und Pferde beobachten. Am Ende des Feldes rechts, leicht bergab und bei ca. 7,5 km folgen wir einer starken **Linkskurve**, bis zu einer **Straßenkreuzung**.

Wir überqueren die Straße und folgen dem Schotterweg erneut entlang eines **Feldes**, in einer Rechtskurve geht es leicht bergab, bevor es rechts in einen **Reiterweg** hineingeht. Nach ca. 300 m kommen wir nochmals an einem Feld vorbei und queren wenig später eine **Straße**. Während wir auf der linken Seite Wald sehen, erstreckt sich recht von uns ein Feld. Knapp 700 m geht es nun geradeaus, bevor wir nach ca. 9 km an einem **T-Weg** rechts walken. Dem sich schlängelnden Hauptweg folgen wir bis zu einer **Gabelung**, an der wir den rechten Weg nehmen und uns somit wieder an den rechts neben uns liegenden Feldern orientieren. In **sanften Bögen** geht es leicht bergauf. Wir bleiben auf dem Hauptweg und gehen somit an der **Gabelung** rechts. Diesem Weg folgend lassen wir die nun wieder abwechslungsreichere Landschaft mit Wiesen und Bäumen auf uns wirken, bis wir ca. einen halben Kilometer später an eine **Wegkreuzung** bestehend aus 5 Wegen stoßen. Von diesen Wegen nehmen wir den 2. links neben uns.

Dem Schotterweg folgend, kommen wir nach ca. 500 m auf einen **Radweg**. Dort geht es links, parallel zur Straße weiter bis dieser Weg auf die Hauptstraße stößt. Ein kurzes Stück walken wir links und nehmen nach knapp 100m die Möglichkeit eines **Radwanderweges** wahr, um der Straße de Rücken zu kehren. Gute 400 m weiter kommen wir an einem **Platz** raus, in dessen Mitte sich eine überdachte **Rundbank** befindet. Bänke und Baumstämme laden zum Balancieren, die Grünfläche zum Verweilen ein. Abschließend nehmen wir den Weg rechts der Rundbank zurück zum **Parkplatz**. Hier geht es die letzten knapp 200 m leicht bergab und wir erreichen nach gut 11 km unser **Ziel**.

Otto-Maigler-See

START Parkplatz P3

km 5,2 km/50 min

▲ Nicht nennenswert

S Leicht

🚴 Uferwege über sandig-erdigen Boden um den Otto-Maigler-See

JZ An schönen Tagen im Sommer kann es insbesondere am Wochenende recht voll sein, im Winter gut begehbar

🚗 Von der Kreuzung Efferener Straße/Frechener Straße der Beschilderung zum Otto-Maigler See folgen

🚌 Buslinie 711, Haltestelle „Zur Gotteshülfe", ca. 150 m bergauf und geradeaus geht es zum P3

P Parkplatz P3

⊠ Strandbad und Seeterasse, 50354 Hürth-Gleuel, Tel. 0 22 33/3 52 48, Öffnungszeiten: 08.00–20.00 Uhr

Abstand vom Alltag, raus ins Grüne und Strand am See... All das verspricht der Otto-Maigler-See, der als der schönste und begehrteste Badesee in der Köln-Bonner Großregion bekannt ist. Surfen, Segeln und Rudern ist möglich. Entfernt man sich vom Strandbad, so entdeckt man um den See herum immer wieder ruhige Stellen.

Vom **P3** aus walken wir die ersten 150 m einen kleinen **Hügel** zum See hinunter, vis-a-vis sehen wir das schön gelegene **Strandbad** und orientieren uns nun rechts herum entgegengesetzt zum Uhrzeigersinn. Hier laufen wir ca. 600 m den schönen Naturweg entlang bis wir zum **Strandbad** gelangen. Kurz hinter dem Bad gehen wir links und treffen nach ca. 100 m auf eine **Wegzweigung**, an der wir uns erneut links halten.

Auf dem idealen Untergrund läuft es sich herrlich, der See versteckt sich auf der linken Seite, aber man kann ihn förmlich riechen. Nach 170 m gabelt sich der Weg, wir walken links und kommen über einen kurzen **Buckel** wieder direkt zum See, wo wir hart am See auf dem schönen sandigen Untergrund rechts weitergehen. Immer am See entlang können wir mal richtig durchatmen.

> **Info** Durch regelmäßige körperliche Aktivität wird die Atmung tiefer und kräftiger und die Lungenkapazität verbessert.

Es begegnen uns Läufer, Radler sowie Spaziergänger. Immer wieder erhaschen wir einen Blick auf den See und können dort die Enten und Vögel beobachten. Eine kleine **Wiese** lädt zum Verweilen ein. Während eine Schwanenfamilie im Wasser ihre Bahnen zieht, walken wir frohen Mutes immer den See entlang. Links und rechts zeigt sich die Natur mit schönen Blumen von ihrer positiven Seite.

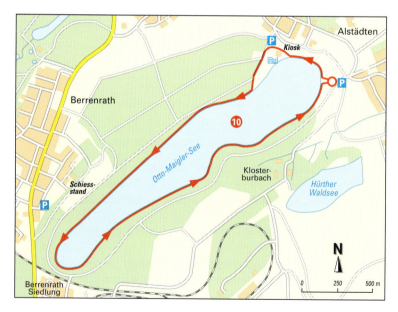

Auch die Enten fühlen sich am Otto-Maigler-See wohl

Nach 1.700 m laufen wir durch eine lang gezogene **Kurve** und umrunden somit den äußersten Punkt des Sees. Am Ausgang der Kurve geht rechts ein Waldweg ab, wir bleiben jedoch in **Seenähe** und folgen dem **Uferweg**, von wo aus wir die Surfer bei ihren Manövern durchs Schilf beobachten können. Von dieser Seite aus haben wir einen freieren Blick auf das Wasser und nähern uns nach weiteren guten 1,5 km auf dem leicht kurvigen Weg einer kleinen idyllischen **Anglerbucht**.

Weiter geht es auf dem sich durch die schöne Landschaft schlängelnden Weg mit einem traumhaften Blick über den See zum gegenüberliegenden Strandbad mit seinem schönen leuchtendhellen Sand.

Nach 900 m haben wir unseren **Ausgangspunkt** am See wieder erreicht und walken rechts hoch auf die Straße, wo wir nach insgesamt 5,2 km und einer schönen Tour am **P3** wieder eintreffen.

Rheintour über die Brücken

START Park & Ride an der Rodenkirchener Brücke

km 12,1 km/120 min

▲ Nicht nennenswert

S Schwer

Viel Asphalt, aber auch schöne Sand-/Kieswege

JZ Zu jeder Jahreszeit sehr schön

Über die Militärringstraße bis zum Rheinufer

S16, Haltestelle Heinrich-Lübke-Ufer

Marienburger Bootshaus, Oberländer Ufer, 50968 Koeln-Marienburg, Tel. 02 21/37 80 61, Ruhetag: Mo
Poller Fischerhaus, Weidenweg 46, 51105 Köln-Poll,
Tel. 02 21/8 29 13 22, Öffnungszeiten: Sa, So, Feiertage ab
10.00 Uhr, Mo–Fr ab 14.00 Uhr, Okt.–März geschlossen

Sehenswürdigkeiten der Stadt Köln wie Dom, Altstadt, beide Rheinseite, diverse Brücken, das Schokoladenmuseum, den Bayenturm und vieles mehr erwarten uns auf unserer heutigen langen Rheintour.

Vom P&R aus starten wir unsere Walking Runde und überqueren die Uferstraße. Am Ortsschild *Rodenkirchen* nehmen wir die Stufen zum **Rheinufer** hinab. Dort halten wir uns links und walken mit Blick auf den Dom direkt am Ufer entlang, nach ca. 180 m passieren wir das *Marienburger Bootshaus* und laufen weiter am Wasser längs, bis der Uferweg nach gut 1,5 km endet. Hier geht es links die **Stufen** hinauf, wo wir uns auf dem **Fuß-/Radweg** parallel zur Straße weiter in Richtung Dom orientieren. Nach 260 m queren wir mit einem kleinen Schlenker links die **Bahnschienen** (Vorsicht!) und walken rechts weiter, nach weiteren 290 m erreichen wir die *Südbrücke*, die wir unterqueren, kommen vorbei am rechts gelegenen *Rheinauenhafen* mit seinen historischen Gebäudekomplexen und gelangen nach nun mehr weiteren knapp 900 m zum *Bayenturm*.

 Bayenturm: Der im 12. Jahrhundert erbaute Wehrturm mit neuzeitlichem Namen „Frauen Mediaturm" beherbergt heute eine Bibliothek. Der Turm gehörte zu einer Befestigungsanlage, die Köln 700 Jahre umschloss. Eine Turmführung wird kostenfrei geboten.

Wir laufen weiter geradeaus an der Rheinuferstraße entlang, kommen an alten **Hafenanlagen** sowie einem kleinen **Sportboothafen** vorbei und erreichen nach ca. 800 m die *Severinsbrücke*. Weiter geradeaus gelangen wir nach knapp 300 m zum **Schokoladenmuseum** sowie dem **Malakoffturm**.

 IMHOFF-Schokoladenmuseum, Stollwerk, Öffnungszeiten: 10–18 Uhr, Sa+So 11–19 Uhr, montags Ruhetag.

Es geht weiter am Rhein und den Ausflugsschiffen entlang; auf der anderen Rheinseite taucht der *4711-Messeturm* auf, stellenweise können wir den Dom durch die Bäume und Büsche erkennen. Nach zügigem Walken erreichen wir nach knapp 500 m die *Deutzer Brücke*. Hier befindet sich die große Schiffsanlegestelle der *KD*, der Köln-Düsseldorfer-Rheinschifffahrt. Wir laufen weiter am **Turm** zur Messung des Rheinpegels vorbei, linker Hand die schönen Häuser der Altstadt sowie die Kirche *St. Martin*, vor uns erstreckt sich die Hohenzollernbrücke, auf der die *Deutsche Bahn* verkehrt.

 „Rhein bei km 688": Höchste Messung bei Hochwasser im Jahr 1926: 10,69 m; Niedrigster Wasserstand im Jahr 1947: 0,83 m.

Wir erreichen nach insgesamt mehr als 5 km die *Hohenzollernbrücke*, von wo aus das mächtigste Wahrzeichen der Stadt – der **Dom** – schön zu erkennen ist, davor gelegen das *Römisch-Germanische-Museum*.

Dom: 1248 wurde das großartigste und umfangreichste Bauprojekt des Mittelalters begonnen. Nach einem Baustopp wurden die Arbeiten am Dom 1842–1880 vollendet. Den Südturm kann man über 500 Stufen besteigen und erhält als Belohnung eine phantastische Aussicht über die Stadt.

Um über die Hohenzollernbrücke den Rhein zu überqueren gehen wir links den Weg hinauf, haben einen phantastischen Ausblick von der Brücke aus über den Rhein, die andere Uferseite sowie den linkerhand gelegenen Zeltbau des Musicals. Nach ca. 500 m erreichen wir das Ende der Hohenzollernbrücke und steigen die Stufen zum **Rheinufer** rechts hinab.

An der Uferpromenade entlang geht es weiter, vorbei am *Hyatt* – dessen Biergarten ist im Sommer geöffnet und bei gutem Wetter legendär – mit schöner Aussicht über den Rhein auf die Altstadt und den Dom, bevor wir nach einem kurzen **Anstieg** und gut 400 m an der *Deutzer Brücke* angelangen. Scharf rechts biegen wir vor der Brücke ab zum **Uferweg** zurück, wo wir über Kopfsteinpflaster walken und die **Brücke** unterqueren. Auf gutem Untergrund erreichen wir 750 m später die „Severinsbrücke", wo uns leider schlechterer Bodenbelag erwartet. Wir walken unter der **Brücke** her und entscheiden uns an der nach 100 m folgenden **Gabelung** für den sandigen Weg, dem wir links bergauf folgen und nach 280 m die Straße erreichen. Hier halten wir uns scharf rechts und walken über eine **Drehbrücke**, die den *Deutzer Hafen* überspannt. Am Hafenamt vorbeilaufend erreichen wir in einem Linksbogen wieder einen schönen **Rad-/Fußweg**, auf dem wir – eingerahmt von Schatten spendenden Bäumen – weiter am Rhein entlang walken.

Knapp 1300 m später erreichen wir die *Südbrücke*, vor der wir rechts abwärtslaufend den unteren **Fußgängerweg** erreichen. Dieser wirklich schöne Weg durchzieht die Rheinwiesen und der gute Untergrund erlaubt es uns, zügig voranzukommen. Linker Hand passieren wir Wiesen, Felder und Freizeitsportanlagen sowie einen **Verkehrsübungsplatz**, rechts begleiten uns die Frachtschiffe und Ausflugsdampfer auf dem Rhein. Vor uns liegt die Rodenkirchener Brücke mit ihrem grün-glänzenden Anstrich. Am Ende eines **Campingplatzes** verlassen wir unseren Weg und biegen links ab, kommen über eine Parkwiese und steuern nach 2,3 km direkt auf den Treppenaufgang der *Rodenkirchener Brücke* zu. Wenige Meter entfernt liegt das *Poller Fischerhaus,* wo man nach der kalorienzehrenden Tour die Speicher wieder auffüllen kann.

Wir laufen nun die vielen Stufen hinauf auf die Brücke, wo wir rechts abbiegend – parallel zur **Autobahn** – die Brücke überqueren. Den Ausblick sollte man zur rechten Seiten genießen bevor es am Ende der Brücke scharf rechts die Stufen abwärts geht. Unten angekommen überqueren wir die **Rheinuferstraße** und laufen in Richtung Dom. Gut 1 km von unserer letzten Einkehrmöglichkeit entfernt, bietet sich auf der linken Seite die *Rhein Roxy* zur Einkehr an. Nach 100 m erreichen wir das Ortsschild *Rodenkirchen* und erreichen auf der gegenüberliegenden Seite unseren **Ausgangspunkt** den P&R bzw. die S-Bahn-Station.

Rheinpromenade mit Blick auf Rhein, Hausboot und Brücke

Ein kleiner Exkurs in die Wahner Heide

START Parkplatz an der Bensberger Straße/Ecke Heumarer Mauspfad

km 5,9 km/60 min

Nicht nennenswert

S Leicht

Kurze, aber abwechslungsreiche Tour auf über wiegend Waldwegen

JZ Das ganze Jahr über ein schönes Ziel, bei Regen jedoch matschig

A 3 AS Königsforst, Bensberger Straße

P Parkplatz an der Bensberger Straße/Ecke Heumarer Mauspfad

Die *Wahner Heide* ist das größte und bedeutendste verbliebene Heidegebiet der rechtsrheinischen Heideterrasse und zählt zu den artenreichsten Heidegebieten Mitteleuropas. In der als „Important Bird Area" bekannten *Wahner Heide* finden sich noch seltene Vogelarten wie das Schwarzkehlchen, die Heidelerche oder der Neuntöter.

> **Info**
>
> **Definition von Sport:** disport (engl.), desport (altfranz.) bzw. desportare (vulgärlatein.) bedeutet so viel wie sich vergnügen, Zeitvertreib und Spiel. Während in der Antike der Wettbewerb im Vordergrund stand, folgte in den späteren Jahrhunderten die Umorientierung zu Vergnügen, Zeitvertreib und Zerstreuung. In England bildete sich im 18. Jahrhundert zuerst das Amateurprinzip und später die Professionalisierung des Sports heraus.

Wir starten unseren heutigen Heidewalk vom Parkplatz aus und nehmen den schmalen Pfad rechts neben der Infotafel, die uns über die intensiv blühende Calluner Heide, die Moore und Gewässer Auskunft gibt. Dem schmalen **Pfad** folgen wir zuerst durch die **Umzäunung** der Heidelandschaft und dann leicht ansteigend immer geradeaus, bis wir nach gut 400 m rechts in den *Kalkweg* einbiegen. Weiter dem Weg leicht **bergab** folgend genießen wir die wunderschöne Flora und Fauna bis wir nach 1,4 km eine **Straße**, den *Porzer Weg*, erreichen und überqueren. Direkt hinter der Kreuzung und einer weiteren Infotafel am Wegesrand wenden wir uns an der **Gabelung** nach links.

 Sportmedizin: Als ein Zweig der Medizin beschäftigt sie sich mit der Wirkung körperlicher Aktivität auf den menschlichen Organismus. Weitere Felder sind Diagnose, Therapie sowie die Verhütung von Sportverletzungen.

Den **Abzweig** nach 350 m ignorieren wir und walken weiter geradeaus, mit Blick über die wunderschöne Landschaft zu unserer Rechten. Nach insgesamt 2,4 km gehen wir durch die Rechtskurve des **Hauptweges** und erreichen nach ca. 150 m einen querenden Weg. An dieser Kreuzung walken wir nach rechts und folgen dem Weg 400 m bis wir erneut an einer **Wegkreuzung** nach rechts abbiegen. Nach 100 m und einem kleinen Carré auf der Karte später stoßen wir auf den uns bereits bekannten Weg, dem wir zur linken Seite folgen. Diesmal wird die offene Fläche zu unserer Linken sichtbar und wir kommen nach ca. 700 m automatisch auf eine Zusammenführung zweier Wege, deren Rechtsknick wir folgen. Wenig später erreichen wir schließlich die **Kreuzung** *Porzer/Kalker Weg*.

 Trinken, Trinken, Trinken! Wenn wir morgens aufwachen, besteht bereits ein Flüssigkeitsdefizit. Pro Prozent Flüssigkeitsverlust macht sich die Leistungseinbuße in der Ausdauer mit 4–6%, in der Kraft mit 4–7% und in der mentalen Leistungsfähigkeit mit 5–8% bemerkbar.

An dieser Stelle wenden wir uns rechts und walken diesen **Hauptweg** entlang bis nach ca. 400 m ein Weg kreuzt, dort walken wir links und nach 400 weiteren Metern erneut links. Immer geradeaus den Weg entlang stoßen wir nach knapp einem halben Kilometer auf unseren **ersten Weg** und wenden uns nun rechts. Am Ende des Weges, mit Blick aufs **Wasser** nehmen wir links den asphaltierten Weg bis wir nach 250 m am Ausgang dieses wunderschönen Gebietes der

Wahner Heide angelangt sind. Hinter dem **Tor** geht es links ein kurzes Stück den **Radweg** neben der Straße entlang, bis wir nach 250 m zurück zum Ausgangspunkt, unserem **Parkplatz** gelangen.

Fingerhut am Wegesrand

Wildpark & Kanal im Stadtwald

START Ampelanlage am Kanal, der zwischen den Stichstraßen Rautenstrauchstraße und Friedrich-Schmidt-Straße vom Stadtwaldgürtel in Richtung Universitätsstraße führt.

km 4,9 km/50 min

Nicht nennenswert

S Leicht

Asphalt-, Schotter- und Parkwege

JZ Zu jeder Jahreszeit hat die Strecke ihren Reiz

Stadtwaldgürtel zwischen Aachener und Dürener Straße gelegen

S13 zwischen Haltestelle Wüllnerstraße (gut 150 m) und Aachener Str./Gürtel (gut 250 m)

P Parkplätze entlang des Stadtwaldgürtels oder in einer der Stichstraßen, überwiegend gebührenpflichtig

Café am Stadtwald, Dürener Straße 357–359, 50935 Köln, 02 21/46 64 77, Ruhetag: Sa, Terrasse

---

Diese zweigeteilte Tour bietet uns zuerst eine idyllische Runde am Kanal und anschließend einen Ausflug in den Stadtwald rund ums Tiergehege.

Von der **Ampelanlage** am *Stadtwaldgürtel* aus laufen wir rechts neben dem **Kanal** parallel zur *Rautenstraße*. Eine kleine Brücke ermöglicht einen Übergang; wir jedoch walken geradeaus und überqueren dabei nach 400 m die *Klosterstraße*. Sehr idyllisch ist der Kanal ins

Landschaftsbild der Stadt eingebettet. Gut 200 m weiter mündet der Kanal in einen umzäunten **Teich**, wobei die Figuren am Übergang das schöne Bild abrunden. Rechter Hand befindet sich ein **Spielplatz**.

Wir umrunden den Teich und walken an der anderen Seite zurück zum Startpunkt. Während uns auf der ersten Seite ein Asphalt-/Schotterweg zur Verfügung stand, walken wir nun auf einem **Park-/Schotterweg** entlang des Kanals und genießen den Blick auf das Wasser, beobachten die Enten an ihrem Entenhaus bis wir nach gut 1,3 km den *Stadtwaldgürtel* erreichen.

Der 2. Part der heutigen Tour führt uns auf die andere Seite des *Stadtwaldgürtels*. Wir queren die **Bahnschienen** und die Straße und walken geradeaus den Weg rechts parallel zur *Rautenstraße*. Der asphaltierte Weg wird links und rechts von einem Schotterstück eingerahmt, so dass – falls gewünscht – die Möglichkeit besteht, dem Asphalt auszuweichen. Links und rechts des Weges erblicken wir teils sehr schöne Häuser. Nach 200 m überqueren wir die *Fürst-Pückler-Straße* und kommen nach weiteren knapp 100 m auf einen asphaltierten **Rundweg**, dem parallel immer ein schmaler Pfad folgt.

Ca. 6–8 % des Gesamtkörpergewichts eines Erwachsenen besteht aus Blut

Wir walken linksherum an einem Gewässer vorbei, Wiese und Bäume wechseln sich ab, und wir erreichen einer **Rechtskurve** folgend nach 400 m (2,0 km gesamt) die *Kitschburger Straße*, die wir wachsam queren. Nun fließt links neben uns ein kleiner **Bach**. Nach 100 m verlassen wir den asphaltierten Weg und walken weiter auf Schotter, halten uns an einer umzäunten **Wiese** und kommen vorbei an Kastanien sowie Nadelbäumen. Vorbei an einem **Kinderspielplatz** hört man schon die Geräusche der Tiere aus dem nahe gelegenen **Wildpark**. Nach 300 m verlässt der Weg den Kanal und führt nach 100 m und einem leichten Anstieg über eine mit Kopfstein gepflasterte **Brücke** (2,5 km). Von hier aus sollte man den Ausblick auf den Wildpark nutzen.

Direkt hinter der Brücke walken wir rechts den asphaltierten Weg hinunter, dessen Untergrund sich nach 50 m ändert. Nach einem **Rechtsknick** führt unser Weg zwischen **Bahnschienen** und **Kanal** her. Wir queren nach 50 m an einer **Wegkreuzung** die Bahnschienen, folgen dem breiteren Weg geradeaus und treten so die Umrundung einer schönen **Rasenfläche** entgegengesetzt dem Uhrzeigersinn an. Dementsprechend folgen wir dem Weg nach 150 m links und schlängeln uns mit ihm durch die Landschaft, bis wir uns – der Wiese folgend – an einer **Wegkreuzung** erneut links halten (3 km). Der etwas unebene Weg führt uns nach kurzer Zeit auf einen breiteren Weg, der uns oberhalb der Wiese vorbeiführt. Parkbänke laden zu einer Erholungspause ein.

Am Ende der Wiese kommen wir in ein kurzes **Waldstück** bevor wir geradeaus nach 400 m erneut die **Bahnschienen** überqueren und auf den Tierpark zusteuern. Vor dem Gatter wenden wir uns nach rechts und folgen dem asphaltierten Hauptweg, beobachten die Tiere, bis wir nach gut 200 m das Ende des Wildparks erreicht haben und auf eine **Wegkreuzung** stoßen. Dort haben wir die Möglichkeit zu einem Abstecher ins *Café am Stadtwald* (200 m geradeaus), um an einem sonnigen Tag ein Stück Torte auf der Terrasse zu genießen oder uns an einem kalten Wintertag an einer herrlich heißen Tasse Schokolade aufzuwärmen.

 Die Wirbelsäule besteht aus 7 Halswirbeln, 12 Brustwirbeln, 5 Lendenwirbeln und endet im Kreuzbein und Steißbein.

Walken wir – links am Haus vorbei – den Weg weiter, so kommen wir wieder am Tiergehege vorbei und walken auf dem schmalen Weg neben dem Asphalt bis zur *Kitschburger Straße*, die wir queren. Wir kommen an einem **Teich** vorbei, der an schönen Tagen zum Boot fahren einlädt und kommen über eine **Brücke**, die einen sehr schönen Blick ermöglicht. Hinter der Brücke – nach 4,3 km – geht es rechts den Hauptweg entlang, dessen **Linkskurve** wir so lange folgen, bis wir hinter einer **Wiese** an einer großen Wegeskreuzung nach knapp 300 m rechts in den Weg einbiegen, die *Fürst-Pückler-Straße* überqueren und nach insgesamt 4,9 km am **Startpunkt** zurück sind.

Schöne Distel im satten Grün

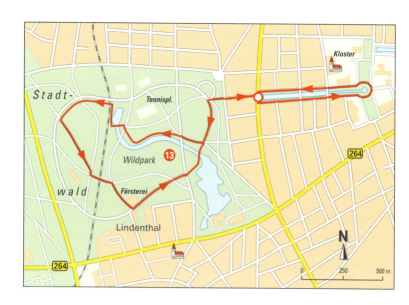

Die große Bonner Brückenrunde

START Am Rheinufer (Bonner Seite) unterhalb der Kennedybrücke kurz vor der Anlegestelle der Bonner Personen-Schifffahrt (gegenüber der Oper)

km 11 km/110 min

Nicht nennenswert (mit Ausnahme der Brückenaufgänge)

S Schwer

Bekannte Jogger-Strecke auf asphaltiertem Untergrund

JZ Ganzjährig begehbar und schön

Bonn-Zentrum, immer der Beschilderung Oper folgen

S 62, U 66, Haltestelle Bertha-von-Suttner-Platz

Rheinpromenade mit Blick auf „Post-Tower" und „Langen Eugen"

P Parkhaus Oper, oder Parkplätze auf dem Seitenstreifen am Rheinufer

⊠ Biergarten Blauer Affe, Elsa-Brandström-Str. 74, 53225 Bonn, Tel. 02 28/ 46 53 07, Öffnungszeiten: Di–So ab 11.00 Uhr, Ruhetag: Mo

---

Die große Bonner-Brückenrunde ist ein absolutes Muss für alle Bonn-Liebhaber. Im Sommer sieht man hier unzählige Jogger ihre Runde über die Konrad-Adenauer-Brücke und die Kennedybrücke laufen. Auch wenn wir uns überwiegend auf Asphalt bewegen, bietet diese Tour einen einmaligen Blick auf viele Bonner Wahrzeichen und ist damit abwechslungsreich und kulturbeladen.

Wir starten unsere Tour gegenüber der **Oper** auf der Bonner Seite des Rheinufers am Fuße der *Kennedybrücke* und walken entgegen der Fließrichtung des Rheins los. Schon hier haben wir einen fabelhaften Blick auf das *Siebengebirge*, den *Post-Tower*, das ehemalige *Abgeordneten-Haus (Langer Eugen)* und die *Konrad-Adenauer-Brücke.*

Geradeaus an der **Anlegestelle** der *Bonner Personenschifffahrt* vorbei erhebt sich nach 300 m rechts über unseren Köpfen der *alte Zoll*, ein schöner und bekannter **Biergarten** nahe der Bonner Universität. Weiter vorbei geht es an den *Rheinterrassen*. Wir nutzen die Möglichkeit den asphaltieren Untergrund für eine Weile zu verlassen und auf festem **Sanduntergrund** (mit kleinen Kieseln) weiterzuwalken.

Vorbei am *Auswärtigen Amt*, der *Villa Hammerschmidt* (1,9 km), dem ehemaligen *Plenarsaal* und dem *Wasserwerk* (2,6 km) laufen wir, immer mit dem Blick auf das schöne *Siebengebirge*, geradeaus weiter bis zum *Abgeordnetenhaus*, dem *Langen Eugen.*

⬚ Beim Nordic Walking wird der Bewegungsapparat um bis zu 30% entlastet.

Dort angekommen schwingen wir unsere Stöcke hinter dem kleinen **Kiosk** links vorbei (d. h. weder rechts in die Charles-de-Gaulle-Str. noch auf den Fahrradweg direkt am Flußufer) und walken von frischer Luft begleitet, entlang der **wallähnlichen Mauer** oberhalb des Rheins weiter.

Nach ca. 1 km weiterer Wegstrecke erhebt sich auf der rechten Seite der *Bismarck-Turm* (3,6 km). An dieser Stelle halten wir uns rechts auf dem **Radwanderweg** und folgen diesem in Richtung **Beuel** und *Konrad-Adenauer-Brücke*.

Wir überqueren bei Kilometer 3,8 einen **Steg** des *Rheinauen-Sees* und laufen weiter geradeaus zur *Konrad-Adenauer-Brücke*.

Info

Auf dem ehemaligen Gelände der Bundesgartenschau 1979 entstand mitten im Herzen Bonns das Naherholungsgebiet Freizeitpark Rheinaue. Mit einer Fläche von 160 Hektar ist dieser Park fast so groß wie die Bonner Innenstadt. Das Fußwegenetz von knapp 45 Kilometern lädt zum Walken, zu Spaziergängen, zum Joggen und zum Inlineskaten ein. Die weiten Wiesen bieten dem Besucher viel Platz zum Entspannen und Picknicken. Der 15 Hektar große Auensee mit seinen sechs Pontonbrücken und eigenem Bootsverleih ist einer der Hauptanziehungspunkte der Rheinaue. Entlang dieses Sees sind Feuerstellen für Grillfeste angelegt, die im Sommer rege genutzt werden. Für Kinder gibt es mehrere Spielplätze, wo ausgelassen gerutscht, geschaukelt und geklettert werden kann. Seit Ihrem Bestehen wird die Rheinaue von Einheimischen vielfach genutzt.

Ca. 500 m weiter befinden wir uns auf der **Brücke** und laufen weitere 600 m bis zu ihrem Ende. Von hier oben haben wir einen fantastischen Blick zurück auf den *Post-Tower*, den *Langen Eugen* und den *Rheinauen-See*.

Info

Gezeigt wird dort auch, wie man ein Segel- oder Motorboot richtig bedient. Außerdem ist es möglich, alle amtlichen Sportbootscheine zu erwerben. Auch zahlreiche Schiffsmodellbauer lassen im See ihre mit viel Liebe zum Detail gestalteten Boote zu Wasser.

Am Ende der Brücke biegen wir scharf links ab und folgen dem **Radwanderweg** in **Richtung Rheinufer** hinunter. Wir walken nun, begleitet von einer angenehmen Brise, zwischen **Rhein**, **Korkenzieherweiden** (und anderen Bäumen) und **Wiese** einige Zeit entspannt geradeaus.

2 km weiter haben wir die Möglichkeit eine Verschnaufpause im **Biergarten** *Zum Blauen Affen* zu machen, oder uns alternativ nach 7,4 km im **Restaurant** *Canal Grande* niederzulassen.

Auf Höhe des *Canal Grande* walken wir links runter zum *Johannes-Bücher-Ufer* und befinden uns nun auf der schön angelegten **Ufer-**

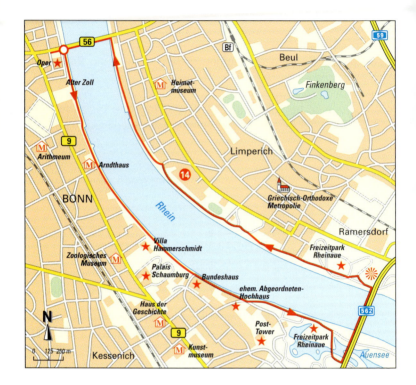

promenade auf der Beueler Seite oberhalb des **Rheins**. Hier können wir geradeaus zwischen den **Bäumen** auf **kiesigem Untergrund** walken.

Kurz vor der *Kennedybrücke* nehmen wir den **Treppenaufgang** am **Gebäude** der *Wasserschutzpolizei* (der sich hinter dem Gebäude rechts befindet) und gelangen somit auf die **Brücke**.

Wir überqueren die **Brücke** und lassen den Blick ein letztes Mal über den Fluß und die Wahrzeichen der Stadt *Bonn* schweifen.

Am Ende der Brücke biegen wir links ab und gelangen auf den **Vorplatz** der Bonner **Oper**. Über breite **Treppenstufen** gelangen wir zurück auf die andere Straßenseite und damit wieder an unseren **Ausgangspunkt** unterhalb der *Kennedybrücke* direkt am Rhein.

Unsere Tour endet hier nach ca. 11 km.

15

Die kleine Bonner Brückenrunde

START Kleiner Parkplatz (am Ende der Professor-Neu-Allee; Ecke Kaiser-Konrad-Str.)

km 6,6 km/70 min

Nicht nennenswert (mit Ausnahme der Brückenaufgänge)

S Mittel

Bekannte Jogger-Strecke auf asphaltiertem Untergrund

JZ Ganzjährig begehbar und schön

Aus Bonn-Zentrum kommend nach der Kennedybrücke viermal rechts und einmal links abbiegen

Linie S 62, S 66 bis zum Konrad-Adenauer-Platz, Buslinie 634 und 624

P Parkplatz Professor-Neu-Allee (werktags von 08.00–18.00 Uhr 3 Stunden Parken mit Parkuhr möglich, ansonsten freies Parken)

Biergarten Schänzchen, Rosental 105, 53111 Bonn, Tel. 02 28/9 63 65 29, Öffnungszeiten: Di–Sa von 17.00–01.00 Uhr

Die kleine Bonner Brückentour führt uns begleitet von Joggern, Radfahrern und Spaziergängern über die *Friedrich-Ebert-Brücke* und die *Kennedybrücke* von Bonn-Beuel aus über Bonn-Zentrum zurück auf die *Schälsieck*, die rechte Rheinseite. Das sportliche Erleben wird hierbei durch viele schöne Ausblicke abgerundet.

Wir starten auf dem kleinen Parkplatz in der *Professor-Neu-Allee* und gehen auf dem **Damm** nach Norden in Richtung *Friedrich-Ebert-Brücke*. Kurz darauf sehen wir das **Hinweisschild** für den **Radwanderweg** in **Richtung Köln** und **Schwarzrheindorf**, dem wir weiter geradeaus folgen. Der Untergrund ist asphaltiert und angenehm zu laufen.

Bald erblicken wir den *Rhein*, der zu unserer Linken fließt. Dieser Blick wird durch hohe **Pappeln** hindurch, die ihre Wurzeln am Rheinufer geschlagen haben, verschönt.

Ein paar Meter weiter und schon erhebt sich rechterhand die **Kirchturmspitze** der berühmten *Doppelkirche von Schwarzrheindorf*.

Info

Die Doppelkirche im rechtsrheinischen Stadtbezirk Beuel hat 1151 der Kölner Erzbischof und Kurfürst Arnold von Wied in Gegenwart des Königs Konrad III. geweiht.
Sie war eine Familienstiftung, der Burg der Grafen von Wied hinzugefügt. Arnold von Wied überließ seiner Schwester Hedwig die Kirche. Sie richtete dort ein Frauenkloster nach der Benediktinerregel ein, das bis zu seiner Aufhebung unter napoleonischer Herrschaft 1806 bestand. Die Unterkirche war für die Gemeinde, die Oberkirche für den Burgherren bestimmt.

Auf 1 km Höhe steht zu unserer Linken eine **Statue,** die Zeugnis der römischen Vergangenheit der Stadt Bonn ist.

Wir laufen weiter geradeaus an **Streuobstwiesen** vorbei und blicken über eine freie **Wiesenfläche** hinüber zur *Friedrich-Ebert-Brücke*, die wir gleich überqueren werden. Links passieren wir den alten **jüdischen Friedhof** von Schwarzrheindorf, dessen **Grabsteine** auf einer **Wiese** unter großen **Bäumen** im Schatten stehen.

Nach 2,2 km Wegstrecke walken wir rechts hoch und folgen dem **Brückenaufgang** in einer **Linkskurve**. Unsere Stöcke bewegen sich nun 700 m wie von selbst auf der **Brücke** entlang. Wir lassen unseren Blick nach links schweifen und blicken damit zurück auf den **Damm** und die **Wiesen**. Diese schöne Aussicht lenkt uns hervorragend von der befahrenen Autobahn zu unserer Rechten ab. Weiterhin sehen wir in dieser Blickrichtung das **Freibad** *Römerbad*.

 Info Walking verbessert Ihre persönliche Ausdauerleistungsfähigkeit. Es fällt in den Bereich der sogenannten aeroben Trainingsformen, deren regelmäßige Durchführung sich positiv auf das Herzkreislaufsystem und den Stoffwechsel auswirkt. Der Blutdruck wird langfristig günstig beeinflusst, Ebenfalls senkt sich der Ruhepuls und die Herzarbeit wird ökologischer.

Am Ende der Brücke laufen wir 300 m einen hell asphaltierten **Wendelabgang** hinunter und biegen am Fuße des Abgangs zwischen *Römerbad* und **Autobahn** scharf rechts in Richtung *Rhein* ab. Am Rhein angekommen laufen wir entgegen der Fließrichtung nach rechts weiter. Unser Blick ist dabei Richtung *Kennedybrücke* gewandt.

Nach 5 km erreichen wir den **Biergarten** *Schänzchen*, der für seine attraktive Lage bekannt ist. Wir passieren die *Beethovenhalle* linkerhand und überqueren dann auf Höhe des **Hotel** *Hilton* die Strasse nach rechts um zum **Treppenaufgang** zu gelangen, der uns direkt auf die *Kennedybrücke* führt. Die **Stufen** hinter uns gelassen befinden wir uns wieder auf der **Brücke** und haben einen herrlichen Blick über den *Rhein* in Richtung *Köln*.

Am Ende der Brücke biegen wir links in die *Professor-Neu-Alle* ein und walken ein paar hundert Meter zwischen den **Kirschbäumen** vorbei durch diese schöne **Altbauten-Strasse**.

Wir überqueren die *Kaiser-Konrad-Straße* um nach ca. 6,6 km wieder an unserem **Ausgangspunkt**, dem kleinen **Parkplatz**, anzukommen.

16

Schleifentour durch den Ennert

START Parkplatz Pützchens Wiese (Pützchens Chaussee) rechts; direkt am Eingang des Ennert-Wald gelegen

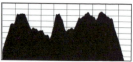

km 5,4 km/55 min

▲ 49,87 m

S Leicht (aber: einige Steigungen)

Strecke durch den Wald auf befestigtem Waldboden und kurzen Asphalt-Abschnitten

JZ Ganzjährig begehbar, schön im Frühling und Sommer und bei trockener Witterung, nicht bei Nässe und Schnee

Richtung Niederholtorf auf die Pützchens Chaussee

Das Foveaux-Häuschen im Ennert

Bus der Linie 537 in Richtung Oberpleis Busbahnhof, Haltestelle Am Weidenbach ca. 200 m rechts vor dem Waldeingang

 Parkplatz Pützchens Wiese direkt am Waldeingang (Pützchens Chaussee)

 Hotel-Restaurant Waldcafe, Am Rehsprung 35, 53229 Bonn, Tel.: 02 28/48 20 44

Durch den hohen Baumbestand ist diese Runde schattig und auch an warmen Tagen gut zu laufen. Der *Ennert* ist mit 160 m ü.NN einer der vielen Berge des *Siebengebirges*. Viele Sitzgelegenheiten laden zum Verweilen ein, so dass sich das Laufen dieser Strecke auch für weniger Geübte anbietet. Dennoch sollte die Intensität dieser Tour aufgrund zahlreicher Steigungen und Abstiege nicht unterschätzt werden. Geführt werden wir bei dieser Runde von gut lesbaren Wegweisern aus Stein.

Wir starten unseren Walk auf dem **Ennert-Parkplatz** *Pützchens Wiese* auf der rechten Seite der *Pützchens Chaussee* aus Richtung Bonn-Beuel kommend. Als Orientierungshilfe dient der *Sportpark Ennert*, der sich ca. 500 m vor dem Parkplatz ebenfalls auf der rechten Seite befindet.

Richtig los geht es dann am **Schild** *Naturschutzgebiet*, an der hölzernen **Info-Tafel** zum *Naturpark Siebengebirge* und der grün-weiß gestreiften **Schranke** mit einer leichten **Steigung** geradeaus in den **Wald** hinein.

An der ersten **Wegkreuzung** (nach ca. 400 m) biegen wir links ab und folgen dem **Hinweis-Stein,** der auf der linken Seite der Kreuzung steht, in Richtung **Nieder-Holtorf, Ennert-Parkplatz** und **Wildge-hege.** Wir folgen dem Weg in einer **Rechtskurve** und erblicken kurze Zeit später auf der linken Seite einen grünen **Maschendraht-zaun,** der das **Wildgehege** umzäunt.

Geführt vom Zaun gehen wir weiter geradeaus und biegen an dessen Ende an der vor uns liegenden **Kreuzung** scharf rechts in **Richtung Küdinghoven** (der Hinweis-Stein steht geradeaus auf der linken Ecke) ab. Info-Tafeln rund um das Thema *Wald* säumen unseren Weg, da der *Ennert* einen **Waldlehrpfad** beherbergt.

Info Der Ennert gehört zu großen Teilen zum Naturpark Siebengebirge und nimmt für den Köln/Bonner Ballungsraum eine wichtige Erholungsfunktion ein. Im Verlaufe der verschiedenen Rundwanderwege finden sich ausreichend Schutzhütten und Ruhebänke. Besondere Anziehungspunkte sind die Aussichtspunkte am Rheinhöhenweg mit Blick auf die Stadt Bonn und den Rhein, des weiteren das Foveaux-Häuschen, der Sport- und der Grillplatz.

An der nächsten **Kreuzung** (nach einem kleinen Abstieg), die durch eine **Lichtung,** auf der zwei **Bänke** und ein markanter **Baum-stumpf** stehen, gekennzeichnet ist, biegen wir nach links unten in **Richtung Ramersdorf** ab. So walken wir einige Minuten geradeaus weiter bis zur nächsten **Kreuzung.**

Hier folgen wir dem Wegweiser geradeaus in **Richtung Küdingho-ven** und laufen linkerhand an einem auffälligen **Stein** (errichtet im Jahr 1912) vorbei, der mit einer goldenen Platte versehen und Eigentum der *Ortsgruppe Bonn* des Eifelvereins ist. Auf diesem Teil der Strecke vernehmen wir Verkehrsgeräusche aus der Ferne, da wir parallel zur Autobahn walken.

Wir passieren eine **Holztreppe** mit Geländer und bleiben weiter geradeaus auf dem Hauptweg. Einen kurzen Streckenabschnitt über spüren wir Asphalt unter unseren Füßen und haben damit etwa die Hälfte unserer Schleifentour zurückgelegt.

An der nächsten **Kreuzung** schwingen wir unsere Stöcke rechts hoch in **Richtung Ennert-Sportplatz, Ennert-Parkplätze** und nehmen Anlauf für eine relativ starke **Steigung.** Am Ende der Steigung und somit an der nächsten **Kreuzung** angelangt, biegen wir rechts ab, lassen die **Schutzhütte** links liegen und folgen dem Wegweiser nunmehr wieder auf Waldboden 200 m in **Richtung** *Foveaux-Häuschen*.

Kurz darauf erhebt sich vor uns auf einer **Lichtung** die Rückseite des *Foveaux-Häuschens*. Wir laufen rechterhand am Häuschen vorbei und an seiner Vorderseite steil bergab wieder in den Wald hinein. Am Ende des **Abstiegs** biegen wir an der vor uns liegenden **Kreuzung** links ab und gehen in **Richtung Nieder-Holtorf, Ennert-Parkplatz** weiter (Hinweis-Stein auf der linken Seite).

Nach einigen Minuten erholsamen Geradeaus-Walkens haben wir genügend Kraft für eine kurze **Steigung** gesammelt, die uns erneut auf die uns bekannte **Lichtung** mit dem markanten **Baumstumpf** führt. Wir biegen nun an der **Kreuzung** links in **Richtung Küdinghoven** ab.

Kurze Zeit später passieren wir den **Sportplatz** und das **Vereinshaus**, die auf einer **Lichtung** zu unserer Rechten liegen. An der nächsten **Kreuzung** biegen wir rechts ab und walken weiter geradeaus an der **Schützhütte** vorbei in **Richtung Pützchen** (Hinweis-Stein auf der linken Ecke).

Wir folgen der **Rechtskurve** des Weges, walken einen kurzen Abstieg und biegen an der nächsten **Kreuzung** erneut rechts ab und laufen hoch in **Richtung Ennert-Sportplatz.** Nun überqueren wir den Sportplatz zwischen den beiden **Fußballtoren** in seiner Breite und verlassen ihn über drei Treppenstufen links neben dem **Vereinshaus.**

Wir stoßen automatisch auf den Hauptweg, gehen diesen nach links weiter und passieren damit zum dritten Mal die **Lichtung** mit dem **Baumstumpf.** Wir biegen nun ein letztes Mal links ab in **Richtung Pützchen.** Wir überqueren die letzte **Wegkreuzung** geradeaus und erreichen nach ca. 5,4 km unser **Ziel**, den **Parkplatz** *Pützchens Wiese.*

17

Durch die Felder von Graurheindorf an den Rhein

START Sport- und Fußballplatz Graurheindorf

km 6 km/60 min

Nicht nennenswert

S Mittel

Asphaltierte Route vorbei an Schrebergärten, Obstwiesen und entlang des Rheins

JZ Ganzjährig begehbar, schön im Frühling/Sommer und bei trockener Witterung in den Herbst- und Wintermonaten

Auf der Kölnstraße in Richtung Hersel und am Nordfriedhof in die Kopenhagener Straße abbiegen

Blick über eine Rhein-Bucht

 Buslinie 625 Richtung Mondorf Fähre bis zur Haltestelle Graurheindorf Sportplatz

P Öffentliche Parkplätze entlang der Brungsgasse gegenüber des Sportplatzes

Restaurant Kajüte, Estermannufer 1, 53117 Bonn, Tel. 02 28/9 67 80 71, Öffnungszeiten: Di–So von 11.30–23.00 Uhr, Ruhetag: Mo

Diese Strecke lässt sich insbesondere am Abend sehr schön walken, wenn die Äcker und Baumwipfel durch die tief stehende Sonne in goldenes Licht getaucht werden. Die vor uns liegende Tour ist auch in locker-leichtem Walking-Tempo innerhalb einer Stunde leicht zu meistern. Sie stellt somit einen idealen Ausgleich zu einem schweren Arbeitstag dar. Hier heißt es: Augen auf, tief durchatmen und den Alltag abstreifen!

Wir starten am Ende der *Kopenhagener Str*aße auf Höhe der *Brungsgasse* am **Sportplatz** *Graurheindorf* mit dem Gesicht in Richtung *Rhein* und biegen hinter dem Sportplatz links in die Straße *Buschdorfer Kirchweg* ab. Auf Höhe der ersten Weggabelung walken wir auf dem Kirchweg weiter geradeaus und biegen nicht nach rechts in Richtung **Wohnsiedlung** ab.

Wir befinden uns auf einem **asphaltierten Weg** und laufen geradewegs durch die schön angelegte **Schrebergartenkolonie** hindurch.

An der ersten **Kreuzung**, auf der sich ein kleiner **Steinplatz** mit einer **Bank** und **Bäumen** befindet, folgen wir der **Rechtskurve** und laufen weiter an den **Feldern** vorbei. Das Ende dieses Weges wird durch die große **Obstwiese** auf der linken Seite angezeigt und führt uns geradewegs auf die Hauptstraße und das *Klärwerk Hersel* (bei ca. 1,25 km) zu. Wir überqueren die Straße und biegen auf Höhe der Kläranlage rechts auf den **Fahrradweg** in Richtung *Rhein* ab. Wir befinden uns nunmehr auf einer schönen **Allee**.

Bald darauf beschreibt die Hauptstraße eine **Rechtskurve**, der wir nicht weiter folgen, sondern links in den *Auenweg* (das Straßenschild befindet sich auf der rechten Seite, ist aber schlecht lesbar, da es durch Zweige verdeckt wird) abbiegen. Unser Blick richtet sich nun auf die **Herseler Kirchturmspitze** und wir walken weiter an **Äckern** vorbei. Nach kurzer Zeit treffen wir auf einen **Sportplatz**, den wir an seiner **Längsseite** passieren um dann rechts in **Richtung Rhein** (ca. 2,5 km) abzubiegen. Wir laufen nun an der kurzen Seite des Sportplatzes weiter und erblicken eine kleine **Bucht** am **Rheinufer,** in der sich oftmals eine Schar von Schwänen versammelt. Vom Wasser aus weht uns frischer Wind ins Gesicht.

Wir biegen wiederum rechts ab und befinden uns nun auf einem schmalen Weg an der anderen **Längsseite** des **Fußballplatzes**. **Achtung**: An dieser Stelle haben sich Baumwurzeln unter den Asphalt gegraben und diesen an einigen Stellen aufquellen lassen!

Noch laufen wir zwischen dem grünen **Maschendrahtzaun** und dem *Rhein* weiter, bis der Weg in einer kleinen **Rechtsbiegung** wieder weiter wird. Entgegen der Fließrichtung des *Rheins* und mit Blick in Richtung *Friedrich-Ebert-Brücke* walken wir weiter. Wir befinden uns nun auf dem *Leinpfad* (das Straßenschild wird von einem Ast größtenteils überdeckt und ist leider schlecht zu lesen!) und passieren linkerhand einen **Grillplatz**, der sich auf einer **Wiese** befindet.

Wir schwingen unsere Stöcke weiter am *Rhein* entlang und mit dem **Radwanderweg** (bei ca. 3,8 km) in **Richtung Bonn-Zentrum/Graurheindorf.** Der nächste markante Streckenabschnitt ist die Zufahrt zur **Fähre** *Julius* (Mondorf/Graurheindorf), die wir achtsam überqueren.

Nach einer weiteren kurzen Wegstrecke sehen wir rechts durch die Böschung hindurch den oberen Teil der *Margarethenkirche*.

Auf Höhe der *Rheinterrassen Rheindorf* laufen wir rechts hoch über die breiten **Treppenstufen** aus Metall (bitte passen Sie hier auf Ihre Stöcke auf, die sich im Treppengitter leicht verfangen können) und walken direkt an der **Terrasse** des Lokals vorbei. Unmittelbar hinter dem Haus der *Rheinterrassen/Kajüte* biegen wir scharf rechts ab und überqueren den kleinen **Haus-Parkplatz**. Schon hören und sehen wir den *Rheindorfer Bach*, einen Zulauf zum *Rhein*. Wir überqueren diesen über eine steinerne **Brücke** und walken auf die nächste **Kreuzung** zu.

Ausdauertraining in freier Natur ist echtes Gute-Laune-Training. Zum Ausdauertraining kommt die mentale Entspannung hinzu: Der Aufenthalt in frischer Luft und freier Natur bedeutet auch eine Auszeit vom Alltag.

Wir überqueren die vor uns liegende *Estermannstraße* und laufen weiter geradeaus in die Straße *An der Rheindorfer Burg* hinein. Wir befinden uns nun in einem kleinen **Waldstück**, laufen parallel zum idyllischen **Bachlauf** und sehen, leicht versteckt hinter Bäumen, die rosafarben verputzte *Graurheindorfer Burg* zu unserer Linken.

Wir folgen dem Hauptweg weiter in einer **Rechtsbiegung** und walken geradewegs auf die **Straße** zu. Wir befinden uns nun wieder in der *Brungsgasse* und blicken geradeaus auf unseren **Anfangspunkt**, den **Sportplatz**. Wir beenden unseren Walk nach ca. 6 km.

18

Rundweg durch den Heiderhof-Wald

START Friedhofsmauer des Waldfriedhof Heiderhof auf der Straße Breiter Weg

km 4,8 km/50 min

Nicht nennenswert

S Leicht

Ruhige Tour durch den Wald auf gut befestigtem Waldboden

JZ Ganzjährig begehbar, schön im Frühling und Sommer, nicht bei Nässe und Schnee

Am Heiderhof der Beschilderung Heiderhof-Waldfriedhof folgen

Buslinie 610 in Richtung Heiderhof, Endhaltestelle Pappelweg

P Parkplätze auf dem Bürgersteig vor dem Wald auf der Straße Breiter Weg

Dieser schöne und zugleich sehr angenehm zu laufende Rundweg führt uns auf herrlichem Waldboden durch den ruhigen Heiderhof-Wald. Nicht zu übersehen sind die Wegweiser aus Stein, die uns immer wieder auf den rechten Weg führen. Fernab vom Straßenverkehr bringt uns das Walken neben der Fitness Entspannung und frische Luft pur.

Wir starten an der kleinen **Friedhofsmauer** am **Haupteingang** des **Waldfriedhofs** auf der Straße *Breiter Weg*, walken geradeaus bis zum Ende der Straße und damit direkt in den **Wald** hinein. Unmittelbar rechts am Waldeingang sehen wir den ersten **Hinweis-Stein** mit der Aufschrift **Rundweg Ließem, Gimmersdorf 5 km**. Wir folgen dem Rundweg weiter geradeaus und sehen linkerhand durch die Bäume hindurch die backsteinerne **Kapelle** des Waldfriedhofs.

Herabgefallenes Kastanienblatt

Unsere Füße bewegen sich auf schönem und gut befestigtem Waldboden, der uns schnell fernab von jeglichem Verkehrsgeräusch in die Idylle des Waldes führt. An der ersten **Kreuzung** angelangt, walken wir weiter geradeaus und folgen dem **Hinweis-Stein** erneut in Richtung **Ließem, Gimmersdorf**.

Einige Hundert Meter weiter erreichen wir die nächste **Kreuzung,** die wir geradeaus überqueren und weiter dem **Rundweg** (siehe Hinweis-Stein auf der rechten Seite) folgen.

Mit etwas Glück begegnen uns während der Tour Rehe, Eichhörnchen und andere Waldbewohner.

Ca. 500 m weiter passieren wir eine ruhige **Waldlichtung** und laufen bis zum nächsten **Wegweiser** (bei 1,7 km), der uns weiter geradeaus den Rundweg entlangführt, der hier eine kleine **Rechtsbiegung** beschreibt.

Einige Hundert Meter weiter sehen wir vor uns bereits die nächste **Kreuzung** liegen auf deren linker Seite eine **Wetterschutzhütte** steht. Auf Höhe der Hütte angekommen walken wir weder links noch schräg rechts in Richtung Heiderhof, sondern weiter geradeaus dem Rundweg folgend (siehe Hinweis-Stein bei 2,1 km auf der rechten Seite).

Hinweis: Im Verlaufe des Rundwegs führen immer wieder kleinere Wege auf der rechten und linken Seite ins Unterholz hinein, die wir im wahrsten Sinne des Wortes links liegen lassen und uns weiter auf den Hauptweg konzentrieren.

Auch der nächste **Hinweis-Stein,** der auf der rechten Seite einer **Weggabelung** steht führt uns weiter geradeaus und wir folgen dem Weg kurz darauf in einer **Rechtsbiegung** und einige hundert Meter weiter in seinem Links-Rechtsverlauf. Wir passieren eine **Lichtung** und quer über den Weg verläuft alsbald eine schmale **Abflussrinne** (3,2 km). Kurze Zeit später erreichen wir wieder eine **Schutzhütte** vor der ein **Hinweis-Stein** steht, der uns rechts abbiegen und weiter in **Richtung Ließem, Gimmersdorf, Rundweg** folgen lässt.

Info

Auf dem Reißbrett entstanden und rund 40 Jahre alt ist der Heiderhof. Der Bund förderte zu Beginn der 60er Jahre das „Demonstrativbauvorhaben" als Maßnahme gegen die Wohnungsnot von Bundesbediensteten. Wo sonst in Bonn können Kinder sich so viel ohne Autos bewegen. Wo sonst liegen Kindergärten, Grundschule, Musikschule, Sportverein, Büchereien, Sportplatz, Wald, Felder und Bauernhof so nah beieinander. Dies alles ist auch mit kurzen Kinderbeinen zu erreichen, zum Großteil, ohne eine einzige Straße überqueren zu müssen. Besonders für Menschen mit kleinen Kindern ist der Heiderhof ideal. Eine Konstante im Leben auf dem Heiderhof ist das gute Klima: stets weht ein leichter Wind und macht das Leben in der waldreichen Umgebung besonders im Sommer attraktiv.

An der darauffolgenden **Kreuzung** (4,1 km) stehen rechts eine **Bank** und ein auffälliger **Stein**. Bevor wir auf Höhe der Bank sind biegen wir links ab in **Richtung Heiderhof, Rundweg.** 400 m weiter laufen wir auf einen dunklen **Bretterzaun** zu, auf dessen Höhe wir den Wald in einer **Rechtsbiegung** verlassen, ein weißes **Hochhaus** sehen und **asphaltierten Boden** unter unseren Füßen spüren. Wir walken weiter geradeaus und biegen links ab in Richtung Straße *Breiter Weg*.

Nach ca. 4,8 km erreichen wir unseren **Ausgangspunkt**, die kleine **Friedhofsmauer.**

Streifzug durch den Heiderhofer Wald und die Gimmersdorfer Felder

START Friedhofsmauer vor dem Eingang zum Waldfriedhof Heiderhof, Breiter Weg

km 6,3 km/65 min

Nicht nennenswert

S Mittel

Schöner Waldboden und Asphalt Boden zwischen Ackerfeldern vorbei

JZ Ganzjährig, nicht geeignet bei Nässe und Schnee

Auf dem Heiderhof der Beschilderung Waldfriedhof Heiderhof folgen

Buslinie 610 in Richtung Heiderhof, Endhaltestelle Pappel-weg

P Parkplätze auf dem Bürgersteig vor dem Wald auf der Straße Breiter Weg

Diese schöne Strecke führt uns ein kurzes Stück durch den Wald weiter an Äckern vorbei und wieder in den Wald hinein. Bei klarer Sicht sehen wir über die Felder hinweg auf das *Siebengebirge* und das herumliegende Land. Genuss pur für das Auge!

Wir starten wie bei Route 18 vor der kleinen Friedhofsmauer am Eingang des Waldfriedhofs auf der Straße *Breiter Weg* und laufen zunächst ein kleines Stück geradeaus auf Asphalt direkt in den **Wald** hinein.

Wir folgen dem **Hinweis-Stein** (auf der rechten Seite am Waldeingang) geradeaus in Richtung **Ließem, Gimmersdorf, Rundweg 5 km** und sehen kurz darauf links durch die Bäume die back-steinerne **Friedhofskapelle.**

An der ersten **Kreuzung** (200 m) folgen wir dem **Rundweg** weiter in **Richtung Ließem, Gimmersdorf.**

Einige Hundert Meter weiter biegen wir an der vor uns lie-genden Kreuzung links ab und folgen weiter der **Richtung Ließem, Gimmersdorf**. Kurz darauf laufen wir bereits auf das **Waldende** zu und können den Blick über die vor uns liegenden **Felder** schweifen lassen, oder links auf das *Siebengebirge* schauen. In der Ferne sehen wir rechts eine silberne **Kugel**, die so-genannte *Wachtberger Kugel.*

Wir laufen nun auf eine **Weggabelung** zu, an der wir nicht links ab-biegen sondern geradeaus auf **asphaltiertem Untergrund** in einer leichten Steigung zwischen den Feldern vorbei walken. Auch an der ersten **Kreuzung** nach Steigungsende halten wir uns weiter gerade-aus. Je nach Jahreszeit walken wir entlang von blühenden Erdbeer-feldern, Roggen, Weizen, Gerste.

Einige Hundert Meter weiter erreichen wir eine weitere **Kreu-zung,** die wir wiederum geradeaus überqueren. Kurz darauf wal-ken wir links an einer landwirtschaftlichen **Maschinenhalle** (2 km) vorbei.

An der nun vor uns liegenden **T-Kreuzung** walken wir rechts in Richtung der hohen **Tannen** weiter. Unser Blick ist nun geradewegs auf die *Wachtberger Kugel* gerichtet. Auf der linken Seite stehen **Häuser**, die zu der **Ortschaft** *Gimmersdorf* gehören, rechts erblicken wir eine **Obstwiese**.

An der nächsten **Weggabelung** folgen wir dem Weg weiter in einer **Rechtskurve**, biegen nicht nach links ab und befinden uns damit auf schottrigem Untergrund. An der folgenden **Kreuzung** biegen wir weder rechts auf den Feldweg, noch links in die Wohnsiedlung ab, sondern halten uns weiter geradeaus.

Einige Hundert Meter weiter walken wir auf eine weitere **Kreuzung** (3,2 km) zu, die unmittelbar vor einer von Autos befahrenen Straße liegt. Bevor wir das **Vorfahrtsschild** erreichen biegen wir rechts ab und sehen vor uns den **Wald** und rechts das *Siebengebirge* liegen. Unsere Stöcke schwingen wir nun wieder über asphaltierten Boden.

Blick über die Felder bei Gimmersdorf (im Hintergrund das Siebengebirge)

Gegenüber der ehemaligen Bundeshauptstadt Bonn auf der rechten Rheinseite liegt das *Siebengebirge*, das älteste deutsche Naturschutzgebiet und der erste Naturpark in Nordrhein-Westfalen. Es erhebt sich im Winkel zwischen Rhein und Sieg am Austritt des großen Stromes aus dem Mittelgebirge in die ab Bonn immer breiter werdende Rheinische Tiefebene. Es ist das am nördlichsten gelegene Bergland am Rhein. Geprägt wird es von nahezu vierzig bewaldeten Hügeln und Kuppen. Aber nur sieben treten durch ihre Höhe ganz besonders hervor: Drachenfels 327 m, Petersberg 332 m, Wolkenburg 324m, Nonnenstromberg 335 m, Lohrberg 435 m, Löwenburg 455 m und als höchster der Große Ölberg mit 461 Meter. Diese vulkanischen Kuppen tragen das Plateau des Rheinischen Schiefergebirges.

An der nächsten **Weggabelung** halten wir uns weiter geradeaus mit Blick auf die **Strommasten**. Kurz darauf besteht die Möglichkeit rechts oder links weiterzuwalken. Wir halten uns weiter geradeaus und passieren die **Stromanlage** der RWE *Station Ließem*. Ca. 200 m weiter und damit bei ca. 4 km gesamter Wegstrecke besteht die Möglichkeit rechts auf dem asphaltierten Weg weiterzulaufen. Wir walken hier bevorzugt geradeaus über den befestigten **Schotterweg** mit Blick in Richtung Wald.

Walking-Schuhe sollten in erster Linie auf Stabilisierungsfaktoren (solide Fersenfassung etc.) hin konzipiert sein. Das Obermaterial sollte atmungsaktive Eigenschaften besitzen und aus Leder oder einer Mischung aus Leder und Nylon bestehen. Die Sohle sollte entsprechend der umfangreichen Abrollbewegung des Fußes elastisch und flexibel sein.

Wir walken den Weg in einer **Rechtskurve** weiter und laufen nun rechts vom **Waldrand** weiter mit Blick auf den *Drachenfels*. Dieser Weg ist gekennzeichnet durch eine **Grasnarbe**. Wir passieren einen **Hochsitz**, eine **Bank** und einen zweiten, überdachten **Hochsitz**. Der Untergrund wechselt nun wieder in Asphalt über.

An der nächsten **Kreuzung** biegen wir links ab in Richtung Wald und walken über einen kleinen **Abstieg** aus hellem **Schotter** wieder in den **Wald** hinein.

Zurück im Wald und damit auf weicherem Boden biegen wir an der ersten **Kreuzung** (5,5 km) rechts in **Richtung Heiderhof** ab und walken bis zum Schluss entspannt geradeaus. Nach 6,3 km verlassen wir das schützende Dach aus Blättern und befinden uns auf der Straße *Breiter Weg*, wo unsere Tour endet.

Im Naturschutzgebiet Kottenforst bei Röttgen

START Waldparkplatz Kottenforst bei Röttgen

km 8,5 km/80 min

Nicht nennenswert

S Mittel

Ruhige Tour durch den Kottenforst auf gut asphaltiertem Boden

JZ Ganzjährig begehbar, schön im Frühling und Sommer

Reichsstraße L261 Richtung Röttgen und am Ortsausgang Röttgen rechts auf den Waldparkplatz

Buslinie 630 in Richtung Röttgen, Haltestelle Röttgen Schleife

P Waldparkplatz Kottenforst bei Röttgen

Diese ruhige und einfach zu laufende Strecke führt uns durch einen Teil des *Naturschutzgebiets Kottenforst*. Wir laufen die gesamte Strecke über auf gut asphaltiertem Boden durch den Wald. Begleitet werden wir von Vogelgezwitscher und herrlich frischer Luft.

Wir starten auf dem **Parkplatz** *Kottenforst* bei *Röttgen* und laufen geradeaus über die Straße in den Wald hinein. Ruhig zu unserer Linken gelegen, sehen wir einige **Häuser**. Nach einigen Metern passieren wir ein **Wildgitter.**

Achtung: Bitte an dieser Stelle die Stöcke hochnehmen, damit sich diese nicht im Gitter verfangen, oder alternativ durch die Gitter-Tür rechts walken!

Hinter dem **Wildgitter** bleiben wir weiter geradeaus auf dem asphaltierten Weg und laufen nicht nach rechts auf den hellen Kiesweg.

An der ersten **Kreuzung** biegen wir rechts ab (zu unserer Linken und zu unserer Rechten steht jeweils ein gelber Pfosten) und folgen weiter dem asphaltierten Weg. Vom Hauptweg aus führt einige Meter weiter ein **Reitwanderweg** nach rechts und links in den Wald hinein. Dieser ist durch einen blauen Kreis mit weißem Pferd und Reiter gekennzeichnet, der auf die Baumstämme aufgemalt wurde.

Wir überqueren alsbald die nächste **Kreuzung** und walken weiter geradeaus. Unmittelbar hinter der Kreuzung sehen wir zu unserer Rechten ein hohes **Kreuz** aus grauem **Stein**. Wir folgen weiter dieser ruhigen Strecke und walken auch an der nächsten **Kreuzung** weiter geradeaus.

Jägerhäuschen im Kottenforst

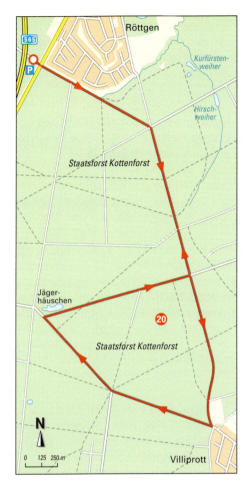

Diese **Kreuzung** ist gekennzeichnet durch zwei **Bänke** auf der rechten Seite, einen **Mülleimer** sowie ein **Holzkreuz** mit einer **Jesus-Figur**. Wir walken weiter an einer **Lichtung** vorbei. Wir lassen den Blick über die **Gräser**, farbigen **Blumen** und **Wiesen** schweifen und nehmen die ruhige Waldstimmung in uns auf.

Einige hundert Meter weiter erscheint zu unserer Linken eine **Pferdewiese** mit angeschlossenem **Hof** und **Stallungen**. Hier walken wir weiter geradeaus auf die nächste **Kreuzung** zu. Vor uns sehen wir ein gelbes **Ortsschild** auf dem *Vilipprott* steht und in das anliegende **Wohngebiet** führt.

Wir walken nicht in das Wohngebiet hinein, sondern biegen an der **Info-Tafel** (*Naturpark Kottenforst-Ville*), die sich zu unserer Rechten befindet, scharf rechts ab und gelangen wieder in den Wald hinein.

Info

Der Naturpark Kottenforst-Ville befindet sich mitten in Europa, in der Region Rheinland. Das über 1000 qm große Gebiet liegt westlich der Städte Köln und Bonn zwischen Rhein und Eifel. Der Naturpark bietet ein unbegrenztes Angebot an Erholung. Hier kann man sich sportlich betätigen, ausgedehnte Ausflüge in die Natur unternehmen oder die Spuren der Vergangenheit entdecken.

Wir walken weiter auf asphaltierten Boden durch den **Wald**. Dieser Weg ist etwas schmaler als der Weg, den wir bislang gewalkt sind. Wir können dennoch zu zweit nebeneinander hergehen, sollten aber dabei nicht vergessen, dass auch andere Sportler und im Wald unterwegs sind.

An der nächsten, kleinen **Kreuzung**, die sich auf einer **Lichtung** befindet, folgen wir dem **Hauptweg** weiter in einer kleinen **Rechtsbiegung**. Zu unserer Linken steht eine helle **Holzbank**.

Wir walken weiter zwischen den Bäumen des Kottenforstes vorbei und sehen bald darauf ein verwunschenes, gelbes **Jägerhäuschen** mit dunklem Dach.

Kurz vor dem Häuschen treffen wir auf die nächste **Kreuzung**, an der wir rechts abbiegen und nicht geradeaus in Richtung Haus weiterlaufen. Kurz nach dem Abbiegen sehen wir auf der linken Seite durch die Bäume hindurch einen kleinen **Wald-Teich**. Dieser kann einige Meter weiter über einen befestigten **Steg**, erreicht werden. Wir walken hier weiter geradeaus und lassen Teich und Steg links liegen.

Info Ausdauer, Kraft, Beweglichkeit und Koordination werden beim Nordic-Walking trainiert. Dies macht vier der fünf Hauptbeanspruchungsformen aus.

An der nächsten **Kreuzung** biegen wir links ab. Diese Kreuzung ist uns schon durch den Hinweg bekannt. Hier steht das hölzerne **Jesus-Kreuz**. Auf der Ecke walken wir an zwei markanten **Baumstämmen** vorbei und weiter auf dem asphaltierten Hauptweg. Wir sehen wieder die Zeichen für den **Reitweg**, der rechts (hier steht eine Bank) und links in den Wald hineinführt. Kurze Zeit später treffen wir erneut auf die **Anfangskreuzung** und biegen nun links zwischen den gelben **Pfosten** und den beiden **Bänken** ab.

Wir befinden uns wieder auf dem Weg, der uns in Richtung Parkplatz führt. Schon sehen wir das **Warnschild** *Wildgitter*, das wir zum zweiten Mal achtsam passieren und in Richtung **Stopp-Schild** auf die **Verkehrsstraße** zuwalken.

Wir überqueren die Straße und sind nach 8,5 km Wegstrecke wieder an unserem **Ausgangspunkt**, dem **Waldparkplatz**, angelangt.

Der Rodderberg-Höhenweg

START Auf dem Rodderberg-Parkplatz nahe der Info-Tafel Rodderberg Kottenforst-Ville

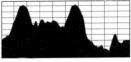

Rodderberg

km 4,8 km/ 50 min

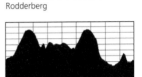

⛰ 48,68 m/bzw. 44,3 m bei der Variante

S Leicht (aber: einige Steigungen, insbesondere bei der Variante)

Rodderberg Variante

🏃 Wunderschöner Höhenweg auf Schotterwegen und Asphalt

JZ Schön im Frühling und Sommer, nicht bei Nässe und Schnee

🚗 Meckenheimer Straße L123 Richtung Niederbachem und nach dem Ortschild Niederbachem den Hinweisen in Richtung Gut Broichhof folgen

🚌 Buslinie 857 in Richtung Züllighoven (der Bus fährt nicht bis auf den Berg hoch), Haltestelle Niederbachem

P Parkplatz auf dem Rodderberg, Gut Broichhof

🔲 Gut Broichhof, 53343 Wachtberg-Niederbachem, Öffnungszeiten: Mo–Fr von 15.00–23.00 Uhr, Sa und So von 11.00–23.00 Uhr

Der unter Naturschutz stehende Rodderberg ist ein absolutes Walker-Eldorado, der seinen Bekanntheitsgrad nicht zuletzt durch die jährlich stattfindenden Pferde-Derby's innehat. Die gesamte Anlage ist wunderschön gelegen und sehr gepflegt. Wir haben von hier aus einen herrlichen Blick über den *Rhein* und das *Siebengebirge* sowie die Stadt *Bonn* selbst.

Wir starten diese Tour auf dem **Parkplatz** auf dem *Rodderberg* unmittelbar hinter der kleinen **Kapelle** auf der rechten Seite. Vom Parkplatz aus biegen wir rechts ab, an der **Info-Tafel** vorbei auf einen befestigten Weg und sehen links von uns das *Gut Broichhof* liegen. Nach 150 m eröffnet sich rechts ein Blick über das *Wachtberger Land* und links über das *Siebengebirge*. Nach 400 m kommen wir an eine **Weggabelung** an der wir weiter geradeaus walken. Nach einer leichten **Linksbiegung**

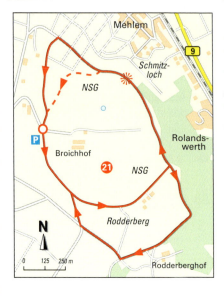

gabelt sich der Weg ein weiteres Mal. Auch an dieser Stelle walken wir weiter geradeaus und biegen nicht links ab.

Wir stoßen auf ein **Pferdehindernis** aus Holz, das mit üppigen Ästen umwuchert ist. Einige Hundert Meter weiter befinden wir uns an der höchsten Stelle der Route und laufen nun weiter auf asphaltiertem Boden. Von hier aus können wir bei gutem Wetter bis nach *Köln* sehen. Nach ca. 1 km gelangen wir an eine **T-Kreuzung**, an der wir rechts abbiegen und dem **Hinweisschild** *Rolandsbogen* folgen. An der Zufahrt zum **Restaurant** *Rolandsbogen* macht die Straße eine **Rechtskurve**, der wir weiter folgen. Nach 1,7 km befindet sich auf der linken Seite ein **Gehöft**, der sogenannte *Rodderberghof,* dem wir weiter geradeaus walken. Kurz darauf beschreibt die Straße eine **Rechtskurve**, der wir wiederum folgen.

Info Der Rodderberg ist der jüngste rheinische Vulkan und Lieblingsplatz für mediterrane Pflanzen. Seit rund 60 Jahren steht das rund 47 Hektar große Areal unter Naturschutz. Verschiedene Pflanzen wie Nelke, Weinrose, Golddistel und Vergissmeinnicht gehören zu den 200 Pflanzenarten auf dem Rodderberg.

Nach 2,2 km gelangen wir an einen kleinen **Parkplatz**, der an einer **Kreuzung** liegt. Rechterhand befindet sich eine **Hinweis-Tafel,** sowie eine **Bank** und ein **Papierkorb**. Wir walken hier weiter geradeaus und folgen damit dem Weg und dem **Hinweisschild** *Land- u. forstwirtschaftlicher Verkehr frei*, sowie dem **Schild** *Naturschutzgebiet*. Der Belag wechselt von Asphalt in weicheren, befestigten Untergrund mit kleinen Schottersteinen.

Nach einer leichten **Steigung** und ca. 200 m weiter biegen wir scharf rechts ab. Damit befinden wir uns auf dem Teil des Weges, den wir bereits zu Anfang gelaufen sind. Wir laufen wieder auf das **Holzhindernis** zu und weiter geradeaus bis zu der **T-Kreuzung**, die uns rechts Richtung *Rolandsbogen* führt. An dieser Stelle biegen wir diesmal links ab und gehen leicht bergab. Wir halten uns weiter auf dem asphaltierten Weg. Hier sollten wir auf einzelne Autos achten, da Besucher des Rolandsbogen diesen Teil der Strecke befahren können. Nach 3,7 km erreichen wir einen wunderschönen **Aussichtspunkt**, den sogenannten *Heinrichsblick*.

Kleine Kapelle auf dem Rodderberg

Im Schatten großer **Linden** stehen zwei **Bänke** und es eröffnet sich ein traumhafter Blick auf den *Rhein* und das *Siebengebirge*. Drehen wir unseren Kopf ein wenig nach links, sehen wir den Bonner Stadtteil *Bad Godesberg* und die *Godesburg*. Nachdem wir den Ausblick ausreichend genossen haben verlassen wir den Aussichtspunkt in seinem bogenförmigen Verlauf nach rechts folgend und walken weiter geradeaus auf der asphaltierten Straße. Nach ca. 450 m biegen wir links in einen komfortablen **Feldweg** ein, der an dieser Stelle sanft ansteigt. Auf der linken Ecke steht ein **Verkehrsschild**, auf dem die Durchfahrtszeiten für die Asphaltstraße geregelt sind. Rechts am Eingang des Feldwegs steht ein **Naturschutzschild**, welches an der Stange ein *R* mit Pfeil enthält, der in unsere Richtung weist. Zudem befindet sich ein kleiner **PKW-Stellplatz** am Eingang des Weges. Wir folgen dem **Feldweg** für ca. 500 m und gelangen zurück zum **Startpunkt**.

Wir beenden unsere Tour nach 4,8 km.

Für diejenigen, die trittfest sind, einen steileren An- und Abstieg nicht scheuen und einen weiteren traumhaften Blick von einer Hügelkuppe aus genießen möchten, bietet sich die folgende Variante an.

Der Aufstieg zum Panoramablick: Variante

Etwa 150 m hinter dem Aussichtspunkt Heinrichsblick führt links ein unbefestigter Weg in Richtung Hügelkuppe weiter. Wir folgen dem sanft ansteigenden Weg bis hinauf zur Hügelkuppe. Dieser Weg wird rechts und links durch ein **kniehohes Holzgeländer** begrenzt. Wir walken bis auf die **Kuppe** hinauf und genießen einen weiteren herrlichen Blick über den *Heiderhof*, das *Wachtberger Land*, das *Siebengebirge* und die Stadt *Bonn*. Wir überqueren die **Hügelkuppe** geradeaus und nehmen einen kleinen **Abstieg**. Am Beginn des Abstiegs befinden sich links auf dem **Holzgeländer** drei **Informationstafeln** über die Insektenvielfalt des *Rodderbergs*. Der Abstieg wird durch einen großen **Eichenbaum** begrenzt, der auf der linken Seite steht. Nach ca. 100 m treffen wir auf einen breiten **Feldweg** auf dem wir nach links walkend nach ca. 200 m wieder unseren **Startpunkt** erreichen. Die Variante lässt unsere Tour etwas früher, d. h. nach ca. 4,4 km enden.

Durch das Nachtigallental im Siebengebirge

START Info-Tafel Naturpark Siebengebirge
am Eingang der 30er Zone

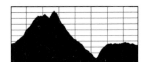

km 3,5 km/40 min

▲ 82,01 m

S Leicht (aber: einige größere Steigungen)

🚻 Gut asphaltierter Weg und schöner, befestigter Waldboden

JZ Schön im Frühjahr und Sommer, ganzjährig möglich bei trockener Witterung

🚗 B42 Ausfahrt Oberdollendorf/Königswinter/Ittenbach Richtung Petersberg

🚌 Buslinie 520 Richtung Oberpleis, Haltestelle Wintermühlenhof

P Asphaltierter Seitenstreifen auf der rechten Seite in Richtung Siebengebirge

Diese Strecke führt uns durch das *Nachtigallental* im *Siebengebirge*. Begleitet von Vogelgezwitscher, dem Rauschen der Bäume und einem kleinen Bach folgen wir dem ruhigen Tal am Fuße der Drachenburg.

Wir starten unseren Walk an der **Info-Tafel** zum Naturpark *Siebengebirge* und laufen in einer **Steigung** geradeaus in die *Zone 30* und das **Naturschutzgebiet** hinein. Der Boden unter unseren Füßen ist gut asphaltiert und angenehm zu laufen. Werfen wir einen Blick zurück über unsere rechte Schulter, so sehen wir den *Petersberg*. Nach links lassen wir unseren Blick über eine **Wiese** schweifen und sehen ein großes, gelbes **Fachwerk-Haus**. In weiter Ferne sehen wir den

Ölberg mit seiner markanten rot-weiß gestreiften Antenne. Wir folgen dem Weg in einer **Links-biegung** und haben über die Baumwipfel hinweg einen schönen Blick auf die *Drachen-burg*.

Wir folgen dem Weg weiter in einer **Links-Rechtsbiegung** und laufen dann rechterhand von dem **Schild** *Vodafo-ne – Seminar- und Tagungsstätte* und dem **Parkplatz** *Hirschburg* vorbei. Unser Weg wird nun ein ganzes Stück von einer bruchsteinernen **Mauer** begleitet, die sich links von uns befindet. Hier können wir einen Blick über die Mauer riskieren und sehen alsbald die Spitze der *Hirschburg*.

Nach 800 m endet die **Mauer** und die Steigung am **Hintereingang** der *Hirschburg*. An dieser Stelle laufen wir am Ende der **Leitplanke** rechts in den **Wald** hinein und gehen nun weiter auf befestigtem Waldboden. Wir folgen dem Wald in einer **Rechtsbiegung** und laufen auf eine **Kreuzung** zu. Hier sehen wir links von uns einen **Hinweis-Stein**, der nach links in Richtung *Margarethenhöhe/Milchhäuschen* führt. Wir biegen an dieser Stelle allerdings rechts ab und folgen dem vor uns liegenden **Abstieg** bis zur nächsten **Kreuzung**. An dieser Stelle steht ein weiterer **Hinweis-Stein**, der geradeaus in Richtung Königswinter und Winzerhäuschen zeigt und uns rechts hinunter nach *Königswinter* in das *Nachtigallental* führt.

Info Eine Sage aus dem Mittelalter berichtet, dass sich der Heilige Bernhard einst, bei einem Besuch im Kloster Himmerod, sehr über den Gesang der Nachtigallen aufgeregt hatte. Er hatte so gezetert, dass die Vögel in ein Tal im *Siebengebirge* ausgewandert waren, das nach ihnen *Nachtigallental* genannt wurde.

Hier laufen wir ein kleines Stück steil bergab bis wir zu einem grünen **Geländer** gelangen. Rechts von uns befindet sich ein kleiner **Waldplatz**, der mit drei **Bänken** ausgestattet und von hohen **Buchen** umgeben ist. Hinter dem grünen Geländer biegen wir links ab und folgen dem **Bachlauf** zu unserer Linken.

Achtung: Bei längeren Niederschlägen wird der Boden sehr matschig und damit auch rutschig!

Klatschmohn am Wegesrand

Bei 1,5 km sehen wir auf der linken Seite eine **Bank** stehen. Wir folgen dem Weg durchs Tal weiter in seinen **Rechts- und Linksbiegungen**. Kurz darauf passieren wir einen steinernen **Steg** mit hölzernem Geländer und walken weiter geradeaus. 200 m weiter steht auf der rechten Seite ein großes **Denkmal** aus Stein. Hierauf abgebildet ist der Kopf des rheinischen Liedschreibers *Willi Ostermann*. Hinter dem Stein befindet sich der Eingang zu einer **Höhle** aus **Tuffsteinen**.

Wir laufen weiter geradeaus, bis wir zur nächsten **Kreuzung** gelangen. Diese weist geradeaus auf ein *Marien-Marterl* aus Stein. Rechts steht ein steinerner **Sockel** auf dessen Höhe wir rechts abbiegen. Anschließend laufen wir nun an **Tuffgestein** entlang in einer **Steigung** weiter geradeaus und damit dem Ende des Tals entgegen.

Oben angekommen treten wir aus dem Tal und damit aus dem Wald hinaus. Auf der linken Seite sehen wir nun den *Petersberg* in seiner vollen Schönheit liegen.

Info

Der Petersberg bei Bonn ist einer von sieben Bergen, die in ihrer Gesamtheit als Siebengebirge bezeichnet werden. Seine Höhe beträgt 331 Meter über dem Meeresspiegel. Ihm zu Füße liegt die Stadt Königswinter, so dass er auch als Petersberg bei Königswinter bezeichnet wird. Vor allem bekannt geworden ist er durch das Gästehaus, welches vor allem in der Zeit bis zum Umzug der Bundesregierung nach Berlin als Bundesgästehaus (offizieller Titel: Gästehaus der Verfassungsorgane der Bundesrepublik Deutschland) diente.

Wir laufen noch ein paar Meter auf dunklem **Schotterweg** weiter und dann geradewegs auf den **asphaltierten Weg** zu. Auf dem asphaltierten Weg angekommen biegen wir links ab und folgen dem Weg bis zur Straße. Rechts von uns liegt die am Anfang beschriebene **Info-Tafel**; zu unserer Linken das Ende des asphaltierten Seitenstreifens mit der **Bushaltestelle** *Wintermühlendorf*. Nach 3,5 km gelangen wir, begleitet von einem letzten Blick auf den *Petersberg* wieder an den Anfang unserer Route.

Unterwegs im Naturschutzgebiet Siegaue

START Parkplatz Siegaue (linker Hand auf Höhe der Autobahnauffahrt Bonn-Beuel-Nord; Richtung Niederkassel)

km 14 km/150 min

Nicht nennenswert

S Schwer

Ruhige aber lange Tour in der Siegaue auf Kies-Feldwegen, Waldboden, Wiese und Asphalt. Oft parallel zur idyllisch dahin-fließenden Sieg

JZ Schön im Frühling und Sommer, nicht bei Nässe und Schnee

Auf der L269 Richtung Niederkassel (aus Bonn-Beuel kommend)

Buslinie 550 (Richtung Lülsdorf) und 551 (Richtung Troisdorf Bahnhof) bis zur Haltestelle Schwarzrheindorf Siegaue

P Parkplatz Siegaue

Zur Siegfähre, 02 28/47 55 47, Öffnungszeiten von April–Oktober Mo–Sa 10.00–23.00 Uhr und So 09.30–23.00 Uhr

Diese einfach zu laufende, aber recht lange, Strecke bietet uns eine abwechslungsreiche Landschaft und die Möglichkeit verschiedene Tiere zu beobachten. Der Walker wird durchweg von Vogelgezwitscher begleitet und kann auf Bänken, die im Schatten stehen, verweilen. Der Untergrund ist überall gut befestigt und lässt sich trotz längerer, asphaltierter Teile insgesamt sehr gut laufen.

Wir gehen vom **Parkplatz** *Siegaue* aus rechts unter der **Brücke** hindurch und biegen nach 130 m links auf den **Damm** ab. Der Damm hat einen festen Untergrund, der, mit kleinen Steinchen gesäumt, einen angenehmen Laufboden bietet.

Nach einiger Zeit auf dem Damm folgen wir auf Höhe der kleinen **Ruine**, die sich linkerhand auf einer Wiese befindet dem **Radwanderweg** in **Richtung Meindorf** und verlassen den Damm in Richtung *Sieg*. Hier wechselt der Bodenbelag in Asphalt.

Bald darauf haben wir einen ersten Blick auf die wunderschön dahinfließende *Sieg*. So laufen wir eine Weile, begleitet vom Fluß, weiter und erreichen einen **Spiel- und Sportplatz**. Am Sportplatz vorbei laufen wir weiter auf dem **Radwanderweg Richtung Siegburg**.

An der nächsten **Kreuzung** biegen wir links ab und folgen dem **Radwanderweg** weiter in **Richtung Siegburg, Menden**. Wir unterqueren die **Autobahnbrücke** der *A59* und gehen in einer **Rechtsbiegung** weiter über den asphaltierten Weg an einer **Kuhwiese** vorbei. Wir folgen dem Weg und sehen nach einer **Links- Rechtsbiegung** die stählerne **Eisenbahnbrücke**. Wir nehmen Anlauf für eine kurze **Steigung** von 24 Metern und biegen nach Steigungsende rechts in **Richtung Radwanderweg Troisdorf** auf die **Brücke** ab. Dieser Teil ist zum Laufen weniger schön geeignet, aber schon nach 200 m zeichnet sich das Ende der Brücke ab und wir gehen rechts die **Treppenstufen** Richtung *Sieg* hinunter. Vor uns liegt ein

Blick auf die Siegfähre

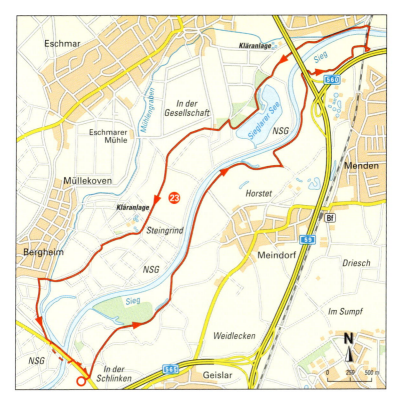

weiterer, schöner Streckenabschnitt. Wir unterqueren die **Brücke** und walken weiter in Fließrichtung der *Sieg*.

Kurz darauf laufen wir wieder unter einer **Brücke** entlang und treffen auf eine **Weggabelung**, auf der rechterhand eine **Info-Tafel** steht. Auf dieser Höhe haben wir bereits die Hälfte unserer Route zurückgelegt.

Wir laufen links an der **Info-Tafel** vorbei, finden nach 100 m einen schönen befestigten **Feldweg** unter unseren Füßen und haben kurze Zeit danach einen ersten Blick auf den wunderschön gelegenen *Sieglarer See*, der unter Naturschutz steht. An der folgenden **Kreuzung** gehen wir weiter geradeaus Richtung See und durchqueren ein kleines **Waldstück** mit herrlichem Boden. Wir gelangen auf eine **Lichtung** und haben von hier aus einen wunderschönen Blick über den See bis hin zum anderen Ufer. **Bänke**, sowohl in der Sonne als auch im Schatten gelegen, laden hier zum Verweilen ein.

Info

Die Siegaue ist eine strukturreiche Flusslandschaft, die überwiegend als Grün-land genutzt wird. Im Mündungsbereich werden die Rheinufer durch breite Kies-bänke mit Silberweiden- und Korbweidengebüschen sowie artenreichen Rohr-glanzröhrichten bereichert. Die Siegaue wird durch einen Hochwasserdamm begrenzt, auf dem artenreiche Magerrasen gedeihen, die für bestimmte Heu-schrecken und Tagfalter einen idealen Biotop darstellen. Eine weitere Bereiche-rung für Watt- und Wasservögel ist der Sieglarer See, der als Brut,- Rast,- Nah-rungs-, Durchzugs- und Überwinterungsbiotop genutzt wird. Hier können sich Körper und Geist beim Bebachten dieser Vögel herrlich entspannen.

Wir laufen weitere 300 m und biegen scharf rechts auf einen groben **Steinweg** ab und gelangen über eine leichte **Steigung** links zurück auf den **Damm**. Dieser Teil des Damms ist mit noch feinerem Bodenbelag besetzt als der Anfang und lässt sich wunderbar laufen.

Bald haben wir linkerhand durch die Bäume hindurch einen gesto-chen scharfen Blick auf den Bonner *Post-Tower*, der im Sonnenlicht silbern glänzt. Wir bleiben weiter auf dem **Damm** und haben die Möglichkeit auf einem **Grasstück** dem Damm weiter zu folgen, oder auf dem asphaltierten Weg am Fuße des Damms weiterzulaufen.

Wir verlassen den Damm und erreichen über einen asphaltierten Weg nach 200 m einen kleinen Teil des Ortes *Troisdorf-Bergheim*. Wir folgen nun dem **Radwanderweg Richtung Bonn, Siegfähre, Naherholungsgebiet** *Untere Sieg* und biegen somit links ab. Die vor uns liegende Strecke ist mit hohen **Pappeln** gesäumt und bietet einen festangelegten Weg mit kleinen Steinen. Wir folgen diesem schattigen Weg einige Hundert Meter.

Dann treffen wir auf einen anderen Teil der Bundesbahnbrücke, die wir anfangs erwähnten und unterqueren diese in Richtung **Gast-stätte** *Zur Siegfähre*, deren Terrasse mit Blick auf die *Sieg* an warmen Tagen zum Sitzen einlädt. Wir walken nun zurück in Richtung **Brük-ke**. Unmittelbar hinter der Brücke biegen wir links ab und gelangen über eine kleine **Steigung** auf die Brücke selbst und gehen diese bis zur **Bushaltestelle** *Schwarzrheindorf Siegaue* zurück. Wir biegen zweimal scharf rechts ab in Richtung **Parkplatz**.

Variante: Wir können mit der *Siegfähre* (Preis 0,50 Euro für Erwach-sene und 0,25 Euro für Kinder) die Sieg überqueren und rechterhand über den asphaltierten Weg wieder zum **Parkplatz** zurückwalken. Nach 14 km sind wir wieder an unserem **Ausgangspunkt** angelangt.

Nordic Walken im Tannenbusch (Grüngürtel Bonn-Nord)

START Am Parkplatz (Schulzentrum) auf der Straße Am Waldenburger Ring

km 5,1 km/50 min

Nicht nennenswert

S Leicht

Gut asphaltierter Weg

JZ Ganzjährig begehbar und schön

 Oppelner Straße in Richtung Tannenbusch und hinter dem Tannenbuschcenter rechts in die Agnetendorfer-Straße, erste Straße links Waldenburger Ring, links zum Parkplatz vom Schulzentrum

Buslinie 620 in Richtung Tannenbusch, Endhaltestelle und dann zurücklaufen

P Parkplätze überall auf der Straße Am Waldenburger Ring

Diese Strecke führt uns über Felder mit Blick auf das Vorgebirge entlang an Gewächshäusern und Schrebergartenkolonien vorbei. Die Tour ist einfach zu laufen und kann jederzeit in den Tagesablauf integriert werden.

Wir starten vor dem Parkplatz (der zum Schulgelände gehört) am *Waldenburger Ring*. Hier befindet sich auch ein Parkplatz, der allerdings zum Schulgelände gehört und nicht immer geöffnet ist. Der Parkplatz befindet sich schräg gegenüber der *Oehler Straße*.

Wir verlassen den Parkplatz überqueren die Straße und halten uns links weiter auf dem **Fußweg**. Bei der ersten Möglichkeit biegen wir rechts ab und folgen dem **Radwanderweg Richtung Alfter, Bornheim, Roisdorf.** Wir laufen auf einem asphaltierten Weg und biegen an der ersten **Kreuzung** rechts ab. Diese ist durch ein blaues **Schild (Fuß- und Radweg)** gekennzeichnet. Hier wechselt der Untergrund in einen Kiesweg über.

Wir halten uns weiter geradeaus auf dem Hauptweg und an der ersten **Weggabelung** links. Vor uns liegt das *Vorgebirge*. Auf der rechten Seite steht eine **Holzbank**. Hier steigt der Weg über eine kurze Strecke hinweg leicht an. Am **Steigungsende** steht eine braune **Holzbank** auf der rechten Seite. Wir haben hier einen schönen Blick über die **Felder** in Richtung *Köln*. Einige Meter weiter walken wir durch eine **Durchfahrtsbeschränkung** (silber-rot gestreift), gehen in einer kleinen **Linksbiegung** weiter und walken rechts an schönem **Buschwerk** vorbei. An der nächsten **Kreuzung** biegen wir rechts ab und walken zwischen den Feldern auf dem befestigten **Feldweg** weiter. An der nächsten **Kreuzung** biegen wir links ab und gelangen wieder auf einen komplett asphaltierten Weg. Schauen wir nun nach hinten über unsere linke Schulter, können wir das *Siebengebirge* sehen. An der nächsten **Kreuzung** halten wir uns weiter geradeaus auf dem asphaltierten Weg und walken rechts an einer **Obstwiese** mit **Apfelbäumen** vorbei und gelangen dann zu mehreren **Korkenzieherweiden**.

An der nächsten **Abbiegung** gehen wir nicht nach rechts weiter, sondern halten uns immer noch geradeaus. Wir walken weiter mit Blick auf die **Gewächshäuser** und biegen an der nächsten **T-Kreuzung** links ab. Es folgt eine weitere **T-Kreuzung**, an der wir rechts abbiegen. Schauen wir an dieser Stelle über unsere linke Schulter zurück auf den Weg, den wir gekommen sind, sehen wir ein **Schild** auf dem *Gemüseweg* steht. Wir walken an einem roten **Backsteinhaus** mit weißem Wintergarten vorbei und sehen ebenfalls links **Dächer** von **Gewächshäusern**. Bei 2,6 km walken wir auf ein **Warnschild** *Bahnübergang* zu und sehen weiter geradeaus das gelbe **Ortsschild** *Alfter*. Unmittelbar vor dem **Bahnübergang** biegen wir links ab in den *Buschdorfer Weg* und laufen ein kurzes Stück parallel zu den **Bahnschienen**, die rechts von uns verlaufen. Einige Hundert Meter weiter biegen wir links ab und entfernen uns damit wieder von den Bahnschienen. Auf der rechten Seite steht ein weißes **Haus** an dem wir weiter vorbeiwalken.

Nach der ersten **Abbiegemöglichkeit** nach dem weißen Haus halten wir uns rechts und walken weiter auf hellem **Kiesuntergrund**. Wir folgen diesem Weg an einer kleinen **Schrebergartenkolonie** vorbei bis zur nächsten **T-Kreuzung**, lassen den **Bahnübergang** rechts liegen und biegen dann links auf den asphaltierten Weg ab. Bei der nächsten **Linksbiegung** bleiben wir weiter auf dem **Asphaltweg** und laufen nicht nach rechts weiter auf den Schotterweg. Auf Höhe des **Kinder-spielplatzes** folgen wir in einer kleinen **Linksbiegung** weiter dem as-phaltierten Hauptweg. Wir walken dann weiter auf eine **T-Kreuzung** zu und biegen an dieser rechts ab. An der nächsten **Kreuzung** biegen wir rechts ab. Eine Orientierungshilfe stellt der **Basketballplatz** dar. Wir walken weiter geradeaus und walken wieder in Richtung Straße *Waldenburger Ring*. Wir überqueren die Straße, laufen auf dem **Fuß-weg** weiter nach links und sehen vor uns die **Einfahrt** des **Parkplat-zes** liegen, den wir nach 5,1 km erreichen.

Abendstimmung im Tannenbusch

Auf dem Venusberg

START Vor dem Waldhaus an den rot-weiß-gestreiften Pfosten

km 12 km/120 min

Nicht nennenswert

S Schwer

Lange Tour durch die Wälder des Venusbergs auf Feldwegen, Waldboden und Asphalt

JZ Ganzjährig begehbar, insbesondere bei trockener Witterung

Bonn-Zentrum in Richtung Universitätskliniken, Venusberg

Bus 621, 626 Richtung Ippendorf, 630 Richtung Auerberg Nord, Haltestelle Jugendherberge

P Parkplätze auf der linken Seite des Nachtigallenwegs unmittelbar vor dem Waldcafe und nahe der Sport Institute

Waldhaus Waldcafe, Öffnungszeiten: Mi–Fr ab 18.00 Uhr, Sa ab 12.00 Uhr, So und Feiertags ab 11.00 Uhr, Tel. 02 28/9 28 96 89

Viele Sportstudenten nutzen das weitläufige Gelände des Venusbergs zu Trainingszwecken. Endlose Wege durch den Wald, an Wiesen, Koppeln und Lichtungen vorbei runden das Walking-Erlebnis ab. Nicht zuletzt können Groß und Klein am Wildgehege Damm- und Rotwild sowie Wildschweine in aller Ruhe beobachten.

Wir starten am *Waldhaus*, einem Waldcafe und **Restaurant** und walken geradeaus auf dem asphaltierten Weg in den **Wald** hinein. Dieser **Startpunkt** ist gekennzeichnet durch zwei rot-weiß-gestreifte **Pfosten**. Zweihundert Meter darauf walken wir linkerhand an einem auffälligen **Baum** vorbei, auf dem ein **Schild** mit der Aufschrift *Parken verboten* befestigt ist und sehen links von uns ein unbewohntes **Haus**. Wir folgen einem **Maschendrahtzaun**, hinter dem sich **Wiesen**, **Obstbäume** und **Wohnhäuser** befinden. Kurze Zeit darauf sehen wir rechts die backsteinerne **Jugendherberge** *Bonn-Venusberg* liegen.

Nach ca. 500 m walken wir auf eine **befahrene Straße** zu, die wir auf dem **Zebrastreifen** überqueren und auf den Vorplatz einer **Kirche** gelangen. Rechts von der Kirche befindet sich ein **Schild** *Landschaftsschutzgebiet*, das uns nach rechts den weiteren Weg weist. Wir biegen also vor der Kirche rechts ab und gelangen auf einen befestigten Boden aus schwerem Sand-Erdgemisch.

Wir folgen diesem Weg weiter geradeaus, laufen ein kurzes Stück über Asphalt, um dann wieder auf Waldboden zu gelangen. Auf Höhe des **Schilds** *Waldweg*, walken wir weiter geradeaus und damit nicht in Richtung *Waldau, Wildgehege*. An der nun vor uns liegenden **Weggabelung** halten wir uns rechts und walken im Schutze des Blätterdachs auf Waldboden.

Info Von jeher war der Venusberg ein Ausflugsziel im Grünen für die Bonner Bevölkerung. Seit Mitte der 80er Jahre des letzten Jahrhunderts kamen Besucher auf den Venusberg und genossen die schöne Aussicht auf das Siebengebirge.

Bei der folgenden **Kreuzung** (bei 1,3 km) walken wir weder rechts noch links, sondern halten unsere Stöcke weiter geradeaus.

Auch an der nächsten **Kreuzung** bei 1,6 km halten wir uns weiter geradeaus und sehen zweihundert Meter weiter – erneut an einer Kreuzung – rechts und links einen **Hinweis-Stein** auf dem Boden stehen. Wir folgen dem Weg in **Richtung Godesberg** (leider ist die Aufschrift auf dem Stein nicht besonders gut lesbar) weiter geradeaus. Kurz darauf überqueren wir einen **Asphalt-Weg** und biegen 10 m weiter links ab. Der Abschnitt zwischen Abbiegemöglichkeit und Asphalt ist durch eine **Bank** gekennzeichnet, die auf der linken Seite steht.

Nach einem längeren Geradeausstück (2,3 km) kommen wir auf die nächste **Wegkreuzung** und biegen hier rechts ab. Auf der rechten

Ecke befindet sich ein **Stein** mit der Aufschrift *Bad Godesberg*, der zurück in die Richtung weist, aus der wir gekommen sind.

Nach 2,7 km beschreibt der Hauptweg eine **scharfe Rechtskurve**, der wir folgen. Im weiteren Verlauf schlängelt sich der Weg in einigen Rechts- und Linksbiegungen durch den Wald. Hier passieren wir rechterhand eine große **Buche**, die durch ihren gegabelten **Stamm** auffällt.

Einige Hundert Meter weiter walken wir einen kurzen **Abstieg**, gelangen an dessen Ende an eine **T-Kreuzung** und biegen links auf den asphaltierten Weg ab. Dieser Weg steigt kurz darauf für ca. 100 m leicht an. Am Ende der **Steigung** sehen wir rechts eine **Wetterschutzhütte**, an der wir geradeaus vorbeiwalken. Auf einer **Buche**, die links am Wegesrand steht, sehen wir ein *R* mit einem schwarzen **Pfeil** und setzen unseren Walk in Pfeilrichtung fort. Auf der rechten Ecke steht zudem ein **Stein**, der in Richtung *Bad Godesberg* weist. Wir folgen dem Pfeil in **Richtung Bad Godesberg**.

Bei 3,75 km haben wir die Möglichkeit rechts abzubiegen, wir walken hier auf dem asphaltierten Weg weiter geradeaus und folgen damit dem *R* auf einer **Buche**, die zu unserer Linken steht.

Ca. 150 m weiter macht der Weg eine **Linkskurve**, der wir weiter folgen und damit ein **Metallgeländer** passieren, das sich ebenfalls auf der linken Seite befindet. Nach einer **Rechtsbiegung** gelangen wir auf die nächste **Kreuzung** und halten uns weiter geradeaus in Richtung *R*. Rechterhand haben wir durch **Kastanienbäume** hindurch einen schönen Blick auf eine weitläufige **Weide**.

An der nächsten **Kreuzung** sehen wir einen großen **Stein** und walken dem Hinweis folgend weiter geradeaus an der **Info-Tafel** rechterhand vorbei, in **Richtung Bad Godesberg**. Nach 4,6 km nutzen wir die Möglichkeit rechts abzubiegen und folgen damit nicht weiter dem *R* auf der großen **Eiche**. Wir verlassen den Asphalt und spüren wieder Waldboden unter unseren Füßen. Wir walken an **Gräsern, Farnen** und **Pferdekoppeln** vorbei, die zu dem **Gehöft** im Hintergrund gehören.

Bei 5,5 km biegen wir an der vor uns liegenden **Kreuzung** rechts ab. Auf der Ecke stehen eine **Bank** und eine **Eiche**, auf deren Stamm *A17* und ein **Pfeil** aufgemalt sind. Wir laufen entgegen der Pfeilrichtung weiter. Wir bleiben damit weiter auf dem Waldboden und laufen parallel zu einem **Reitweg**. 700 m weiter erreichen wir eine **Weggabelung**, an der wir uns weiter geradeaus bewegen.

An der nächsten **Kreuzung** walken wir halbrechts und befinden uns damit auf dem Weg *A16*. Nach einer längeren Geradeausstrecke können wir bei 7,1 km rechts das *Siebengebirge* sehen und gelangen 100 m weiter an eine **Kreuzung**, an der wir scharf rechts abbiegen. Der Untergrund ist jetzt asphaltähnlich dunkel und verfestigt. Auf einem breiten Weg geht es schnurgeradeaus zwischen freien **Weideflächen** hindurch. Vorsicht ist geboten, denn dieser Weg darf von Autos befahren werden.

Bei Kilometer 8,3 macht der Weg eine **Linkskurve** unmittelbar an einem **Gehöft** vorbei. Dieses lassen wir rechts liegen und walken weiter geradeaus. 700 m weiter treffen wir auf die uns altbekannte **Kreuzung** mit dem markanten **Stein** und der **Info-Tafel**. Nun haben wir die Weideflächen einmal umrundet, biegen links ab und folgen dem **Hinweis-Stein** in **Richtung Venusberg**. Wir bewegen uns wieder auf Asphalt, diesmal rechts der großen **Kastanien**. An der nächsten **Wegkreuzung** halten wir uns weiter geradeaus auf dem Asphalt.

Kurz darauf erreichen wir nach einer **Linksbiegung** die uns bekannte **Kurve** mit dem **Metallgeländer.** Ca. 200 m weiter biegen wir links ab und verlassen den Asphaltweg. 100 m weiter sehen wir die nächste **Kreuzung** vor uns, die wir geradeaus zwischen zwei **Bäumen** mit der Aufschrift *A18* hindurch überqueren.

Bald darauf (9,7 km) sehen wir rechts das **Wildgehege** und legen ein Stop ein, um **Rot- und Dammwild** sowie **Wildschweine** zu beobachten. Wir laufen am **Wildgehege** vorbei und haben zweihundert Meter weiter die Möglichkeit rechts abzubiegen, halten uns aber weiter geradeaus. Wir passieren dabei einen **Baum** mit der Aufschrift *A18* und *A19*. Nach einer **Rechtsbiegung** passieren wir eine **Wetterschutzhütte**.

An der ersten **T-Kreuzung** hinter dem Wildgehege halten wir uns links und walken dem Hinweis auf dem **Granit-Stein** folgend in Richtung *Fischweiher*. Kurz darauf biegen wir an der nächsten Möglichkeit rechts ab (auf der Ecke steht eine Bank und linkerhand ein grünes **Hinweisschild** *Waldau/Wildgehege*).

Bei 10,5 km passieren wir eine markante **Buche** mit zahlreichen Astlöchern auf der linken Seite und folgen dem Hauptweg. 200 m weiter passieren wir eine größere **Kreuzung** mit einer **Schutzhütte** auf der rechten Seite. Hier walken wir weiter geradeaus.

Nach 11 km endet der Weg und wir treffen auf einen **Wendehammer**, nahe einer **Wohnsiedlung** und biegen links ab. Diese Stelle kennen wir bereits von unserem Hinweg. Der Untergrund wechselt für ein kurzes Stück in Asphalt.

300 m weiter passieren wir wieder die **Kirche**, die rechst von uns liegt, überqueren die Straße über den **Zebrastreifen** und walken weiter in Richtung der **Jugendherberge.** Auf Höhe des backsteinernen Baus walken wir weiter am **Zaun** entlang, um nicht auf das Jugendherbergsgelände zu stoßen.

Ein paar Meter noch zwischen den Bäumen vorbei und wir erreichen nach 12 km das *Waldhaus*, unseren **Ausgangspunkt** der letzten Route.

Service-Teil

Um Ihnen aus der Vielfalt der angebotenen Touren eine schnelle Auswahl zu ermöglichen, soll Ihnen folgende Übersicht eine Hilfe sein:

Touren für Einsteiger

In Köln

Tour 4: Forstbotanischer Garten und Friedenswäldchen
Tour 6: Hürther Waldsee
Tour 8: Mühlheimer Hafen und Rheinpark
Tour 10: Otto-Maigler-See
Tour 12: Wahner Heide
Tour 13: Wildpark & Kanal im Stadtwald

In Bonn

Tour 17: Graurheindorf
Tour 18: Heiderhof-Wäldchen
Tour 21: Rodderberg
Tour 22: Siebengebirge/Nachtigallental

Weitere Anregungen für Touren

In Köln laden insbesondere die vielen Weiher und Seen zum Nordic Walken ein. Meist gibt es hier nicht nur die direkten Wege um die Gewässer, sondern oftmals einen zweiten oder sogar dritten Weg etwas seeferner. So kann man die Touren je nach Wetterlage – bei Hitze die schattigeren Wege – oder individuellem Vorhaben variieren. Des Weiteren gibt es an einigen Startpunkten Infokarten (z. B. Nordpark, Decksteiner Weiher)

Für kleine Touren in Bonn, besonders bei schlechtem Wetter eignen sich kleinere Runden am Rhein. Außerdem bieten sich das Siebengebirge und der Kottenforst als Ausgangspunkte für viele weitere Touren an. Durch den hohen Baumbestand ist es hier schattig und auch an warmen Sommertagen schön zu laufen. Durch die guten Wegeleitsysteme findet man sich hier auch ohne Karte und Beschreibung gut zurecht.

Informationen im Internet:

www.wetter.de, www.city-tourist.de/city.tourist.de-köln.htm, www.koeln.de, www.vrsindo.de, www.stadt-koeln.de, www.meinestadt.de, www.bonn.de, www.bonn-regio.de

Landkarten

Für Köln
– Stadtplan Extra von Köln von Falk (13. Auflage) mit dem Extra Köln mit Umgebungskarte
– Cityplan Köln von Falk (3. Auflage)

Für Bonn
– Wanderkarte NRW Bonn und das Siebengebirge 22
– Wanderkarte NRW Sieghöhenwege 29

Notruf
Polizei 110
Feuerwehr 112
Privatärztlicher Notdienst 1 92 42
Giftnotruf 1 92 40
Ärztlicher Notdienst Tag und Nacht 19257

Gegen Unterzuckerung durch die Anstrengung beim Sport sollten anfällige Nordic Walker immer Traubenzucker und ein Getränk dabei haben. Ist man in einer größeren Gruppe unterwegs sollte immer ein Mobiltelefon dabei sein. An heißen Tagen denken Sie bitte auch daran einen Sonnenschutz aufzutragen und ausreichend zu Trinken. Empfindliche Personen sollten zudem eine Kopfbedeckung tragen.

Touristische Auskünfte
Köln Tourismus
Unter Fettenhennen 19
50667 Köln (Am Dom)
Tel. 02 21/22 13 04 00

Bonn Information
Windeckstr. 1/am Münsterplatz
53111 Bonn
Tel. 02 28/77 50 00 und 02 28/1 94 33

Simone Becker

wurde am 18.02.1977 in Iserlohn geboren. Sie ist Diplom-Sportwissenschaftlerin. Neben dem Sportstudium hat sie die Fernstudiengänge zur Gesundheits- sowie zur Wellness-Trainerin erfolgreich abgeschlossen. 2003 absolvierte sie die Ausbildung zum Nordic Walking Basic Instructor. Im Rahmen ihrer Promotion vertieft sie diese Kenntnisse.

Verena Ingeborg Böning

wurde am 12.12.1974 in Bonn geboren und ist Diplom-Geographin. Sie hat 4 Jahre Berufserfahrung in der Touristik-Branche und ist zudem ausgebildete Wellness-Trainerin. Im Rahmen verschiedener Projekte baut sie ihre Kenntnisse in den Bereichen Nordic Walking, Entspannung, Rückenschule und Wellness für Kinder kontinuierlich aus.

Rosmarie Pichler

Als Ausbilderin für Nordic Walking Trainer (BLSV), und Leiterin der größten NORDIC WALKING Schule in München möchte ich Ihnen mit diesem Buch die spezielle Nordic Walking Technik näher bringen. Dieses Buch basiert auf Erfahrungsberichten aus der Praxis, welche ich in unzähligen Ausbildungsstunden von meinen Teilnehmern sammeln konnte.
Bedanken möchte ich mich bei allen, die an diesem Buch mitgewirkt haben, für die gute Teamarbeit.
Ich wünsche Ihnen viel Spaß und Freude mit unseren Tourenvorschlägen und hoffe, Ihnen mit diesem Buch einen Weg in ein aktives und gesundheitsbewusstes Leben zu öffnen.
Weitere Informationen über Nordic Walking Kurse, Ausbildungen, Seminare:

PICHLERS Nordic Walking Schule
www.nordic-walking-schule.net
e-mail: info@nordic-walking-schule.net

Warum ist mein Puls ist immer so hoch?

Worauf muss ich achten, wenn ich mir neue Walking-Schuhen kaufe?

Habe ich die richtige Sportkleidung? Da bin ich wirklich unsicher.

Warum haben andere ihr Gewicht besser im Griff?

Wir walken dreimal in der Woche. Ist das zu wenig?

Wie bleibe ich auf Dauer fit?

Wie sollte ich mich jetzt ernähren, wenn ich regelmäßig Sport treibe?

Lieber mit Stöcken oder ohne?

Fragen über Fragen. Hier ist die Antwort:

Alle zwei Monate.
Einzelheft nur EUR 2,00 bei Ihrem Zeitschriftenhändler.
Oder direkt im Verlag:
Telefon: +49 (0)30 423 50 66
Telefax: +49 (0)30 424 17 17
E-Mail: info@fit-mit-walking.de
Internet: www.fit-mit-walking.de

Weitere lieferbare Titel

www.stoeppel.de

Nordic Walking

Die schönsten Strecken rund um München
mit Starnberger See und Ammersee
ISBN 3-89987-251-7

Die schönsten Strecken rund um Stuttgart
und Umgebung
ISBN 3-89987-252-5

Die schönsten Strecken rund um Hamburg
mit Lüneburger Heide
ISBN 3-89987-253-3

Die schönsten Strecken rund um Berlin
mit Potsdam und Spreewald
ISBN 3-89987-254-1

Die schönsten Strecken rund um Leipzig
mit Grünem Ring
ISBN 3-89987-255-X

Die schönsten Strecken rund um Frankfurt
mit Spessart, Taunus und Odenwald
ISBN 3-89987-256-8

Die schönsten Strecken rund um Köln/Bonn
und Umgebung
ISBN 3-89987-257-6

Die schönsten Strecken rund um Nürnberg
mit Fürth und Erlangen
ISBN 3-89987-258-4

DIE AUTORIN DANKT:

Edite Kroll; Suzanne Rafer; Anne Kostick; Peter Workman; Kathleen Herlihy-Paoli; Toumonava Nave; Jane Russ; Bobby Drinnon; William A. Fitzhugh III; Tondalayo Strong; Nathan Howard; Angie Murray; Lisa Huskey

Traningsprotokoll

Datum	Strecke	Km	Zeit	Puls Start	Puls Ziel	Bemerkungen

Das Trainingsprotokoll soll Ihnen einen schnellen Überblick
über Ihr Training und Ihre Fortschritte gewähren.